중1 엄마가 꼭 알아야 할
학습관리 뇌

중1 엄마가 꼭 알아야 할 학습관리 뇌

초판 1쇄 인쇄 | 2015년 3월 16일
초판 1쇄 발행 | 2015년 3월 20일

지은이 | 이지은
펴낸이 | 박영욱
펴낸곳 | (주)북오션

경영총괄 | 정희숙
편　집 | 지태진
마케팅 | 최석진 · 임동건
표지 및 본문 디자인 | 서정희
법률자문 | 법무법인 광평 대표 변호사 안성용(02-525-3001)

주　소 | 서울시 마포구 서교동 468-2
이메일 | bookrose@naver.com
페이스북 | bookocean
전　화 | 편집문의: 02-325-9172　　영업문의: 02-322-6709
팩　스 | 02-3143-3964

출판신고번호 | 제313-2007-000197호

ISBN 978-89-6799-195-1 (13370)

「이 도서의 국립중앙도서관 출판예정도서목록(CIP)은 서지정보유통지원시스템
홈페이지(http://seoji.nl.go.kr)와 국가자료공동목록시스템(http://www.nl.go.kr/kolisnet)
에서 이용하실 수 있습니다. (CIP제어번호: CIP2015003952)」

중1 엄마가 꼭 알아야 할 학습관리

이지은 지음

북오션

아이가 중학생이 되면 아이보다 엄마가 더 긴장한다. 교복을 입혀놓으니 다 큰 것 같아 대견스러워 눈물이 차오르고, 본격적으로 공부의 길에 들어서는 게 안쓰럽기도 하다. '이 아이를 위해 난 뭘 해야 하나' 하는 생각에 공부법 책도 사보고 자녀교육 특강도 들어보지만 정작 아이와 함께 실천할 수 있는 건 별로 없는 게 현실이다. 아이가 이전처럼 부모를 의지하지도 않거니와 유별나게 이것저것 신경 쓰는 것이 힘에 부치기 때문이다.

학습법 전문가로 일한 지도 벌써 10년이다. 그동안 만난 다양한 아이들, 또 그 부모들의 이야기는 어느 하나 똑같은 것이 없었으며 매번 새로운 공붓거리를 안겨주곤 했다. 재미있는 점은 아이들의 상담 요청은 중1에서 고3까지 어느 한 학년과 시기에 몰리지 않고 다양하게 들어오는 반면, 엄마들의 상담 요청은 방학이나 시험, 학년이 바뀌는 시기에 집중된다는 사실이다.

특히 중1 무렵이 그렇다. 중간고사를 앞두고 쿨한 척 "첫 시험이니 편하게 보라"고 아이에게 말해놓고는 정작 엄마의 마음은 편하지 않은 것이다. 그러다 중간고사 성적이 나오는 5월 중순과 말이면 엄마들의 상담 요청이 쏟아진다. 중학교 가면 성적 떨어진다던 이야기가 현실이 되니 그동안 고상하게 읽고 배워온 자녀교육법들은 기억도 안 난다.

이제 막 중학생이 된 아이들에게 부모 노릇을 제대로 해줄 수 있으려면 어떻게 해야 할까? 아이의 학습은 물론 생활방식을 적절히 돌보면서 아이가 의욕적으로 중학교 생활에 적응하게 할 구체적인 지침은 없을까? 그래서 이 책을 펴냈다. 다양한 사례를 통해 독자들의 구체적인 궁금증에 닿으려고 애썼고, 이미 알고 있는 자녀교육 상식들을 공부와 점수라는 현실에 어떻게 적용할 수 있을지를 고민했다.

저자로서 나는, 이 책이 모든 엄마들에게 요긴한 도우미 역할을 해주길 바란다. 중1 부모들이 가장 궁금해하는 선행학습과 시험 준비에 대한 이야기는 물론 공부의 기반이 되는 학교 생활, 진로 고민, 정서 관리에 대한 내용도 담을 것이다. 특히 〈학습관리〉편에서는 방과 후 학습관리와 사교육, 공부 습관 등 매일 반복되는 공부 일상사에 필요한 이야기에 초점을 둘 것이다. 중1은 중고등 6년 공부의 초석을 다지는 학년이기 때문이다.

내가 만난 엄마들과 아이들의 눈빛을 떠올리며 되도록 실제

적이고 구체적인 내용을 쓰려 한다. 그들이 고개를 끄덕이고 안도의 숨을 내쉰 내용을 독자들도 읽게 될 것이다. 내용 중에서 '이건 나와 안 맞아' 싶은 부분이 있다면 과감히 넘어가자. 100명의 학생이 있다면 100가지의 공부법이 있다. 책과 다르더라도 내 아이가 편해하고 잘 통하는 방법이 있다면 그게 진리다.

중1, 그 설레고 중요한 시기를 모든 아이와 엄마들이 행복하고 지혜롭게 넘어가길 응원한다.

이지은

머리말

Part 1 중학교 입학 전 학습 준비

자기주도학습이 가능해지는 방과 후 학습 관리

성적이 점점 좋아지는 중1표 시험 전략

Part 6 공부 습관 불변의 법칙

머리말

Part 1 중1의 부모는 달라야 한다

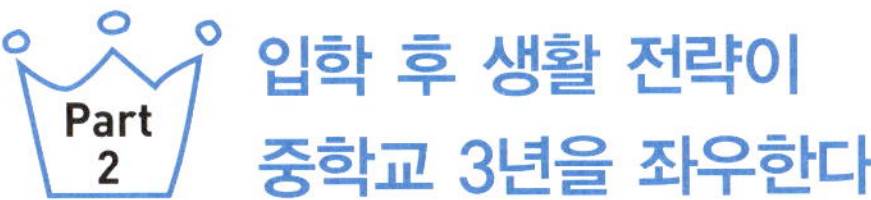

Part 2 입학 후 생활 전략이 중학교 3년을 좌우한다

Part 3 공부가 쉬워지는 학교생활

성적 잡고 행복 잡는 중1 생활 수칙

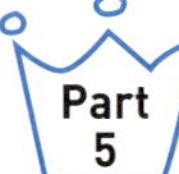

중학교 3년이 풍요로워지는 진로 · 진학 가이드

예비 중1 자녀를 둔 엄마들은 아이가 어느덧 중학생이 된다는 설렘과 뿌듯함보다는 두려움과 걱정이 앞선다. 아이가 새로운 환경에 잘 적응할지 걱정도 되고 다른 아이들은 배치고사를 준비하러 학원에 다니고 선행학습을 한다는데 우리 아이는 그냥 나둬도 될지 혼란스럽다. 입학 전 겨울방학을 어떻게 보내야 할지, 중학교 입학을 앞둔 아이들에게 선행학습이 효과가 있는지, 중학교 공부는 초등학교 공부와는 무엇이 다른지 알아보자.

Part 1

중학교 입학 전
학습 준비

01

예비 중1 엄마들의
주요 고민 3가지

기말고사가 끝나고 겨울방학을 기다리는 여유로운 시기에는 학생이나 학부모 모두 긴장이 풀려 학습 상담이 뜸하다. 하지만 유독 학습 상담의 비율이 높아지는 학년이 있다. 바로 예비 중1. 이제 중학교 진학을 앞둔 터라 궁금한 것 많고 걱정투성이기 때문이다. 그중 거의 모든 엄마들 입에서 나온 질문 세 가지를 골라서 정리했다.

"중학교 입학을 앞둔 지금이 참 중요한 시기인 것 같아요. 이번 겨울에는 뭘 준비하는 게 좋을까요? 엄마 욕심으로는 필요한 책을 많이 읽히고 싶은데 아이는 판타지 소설만 읽으려 해 걱정이에요."

학년이 바뀌더라도 방학마다 꼭 해야 하는 공부가 있다. 바로 취약 단원 보충, 교과서 읽기, 독서다.

우선 초등 6학년 교과서를 살펴보며 과목별로 어려워했던 단원이 있다면 보충 공부를 하도록 지도하자. 필요하다면 5학년, 4학년 것도 하는 게 좋다. 초등학교 교과과정 중에서 자신 없는 부분이 없어야 한다. 그 열등감이 남아 있으면 중학교 공부를 균형 있게 시작할 수 없다. "난 원래 그거 못해" 하며 노력하기를 피하기도 한다.

교과서를 읽는 것은 교과 내용 전체를 파악해두기 위함이다. 수업 중에는 설명이 빨리 지나가고, 부분으로 나누어 공부를 하니 맥락이 끊기기도 한다. 교과서는, 학교 배정이 되기 전이라도 대략 예측되는 학교가 있을 테고, 그것도 어렵다면 그 지역에서 가장 많이 보는 것을 골라(동네 서점에 문의) 중고 교과서를 구입하면 된다. 주변에서 얻을 수 있으면 가장 좋다. 특히 국어와 영어 교과서는 반드시 미리 읽어보기를 권한다.

판타지 소설을 많이 읽는다고 걱정하지 않아도 된다. 내용이 무엇이든 문장으로 된 것이라면 어떻게든 이해력, 사고력에 도움이 되기 때문이다. 관심 있는 진로, 직업, 학과가 있다면 관련 분야 전문가의 자서전, 수필 정도를 읽어보는 것도 좋다. 아이가 혼자 읽기 지루해하면 무릎베개를 하고 엄마가 읽어주어도 좋다. 아이와 한 문단씩 번갈아가며 읽어도 좋다. 큰 서점이나 도서관에 자주 가서 아이가 책을 고르게 해주자. 내 손으로 고른 책이어야 의도가 생기고 얻을 것이 있다. 필독서 목록을 보며 마음 졸이지 않아도 된다.

> "중학교에 가면 가장 달라지는 점은 무엇인가요? 중학생이 되면 초등학교에서 해오던 공부 방법과 다른 방법으로 공부해야 하나요? 어떤 차이가 있나요?"

아이들이 느끼는 중학교와 초등학교의 가장 큰 차이는 학교 분위기다. 초등학교 때만큼 선생님이 친절하지도 않고, 수업도 아이들의 기분을 맞춰가며 진행되지 않으니 더 어렵게 느껴진다. 교과목이 많아지고 수업 시간도 길어지니 처음에는 바쁘고 지칠 수밖에 없다.

평소의 공부 습관도 달라져야 한다. 초등학교 때는 시험 기간에만 바짝 공부해도 90점 이상을 받는 일이 많았을 것이다. 그리고 일주일만 공부해도 전 과목 교과서와 전과를 읽고 문제집까지 풀어볼 수 있었다. 그러한 방식에 익숙한 아이들은 중학교에 입학해서도 같은 방식으로 공부를 하려고 하는데, 점수는 형편없다.

초등학교 시절에 공부를 잘한 아이일수록 '예전에는 이렇게 해서 잘했는데……'라는 생각에 묶일 위험이 높다. 실제로 중1 때 떨어진 성적표를 받아본 학생들은 "왜 그렇게 성적이 떨어진 것 같으냐?"는 질문에 "공부 시간이 부족했다", "문제 풀이 연습을 많이 못했다", "제대로 보지 않고 그냥 넘어간 부분이 많았다"고

답한다. 중학교에서는 시험을 앞두고 몰아쳐서 공부를 하기도 어려울뿐더러 그렇게 한 공부로 좋은 점수를 얻기가 쉽지 않다. 그러니 예습과 복습 등 평소 공부를 철저히 지키도록 도와주자.

공부 기준에 대한 생각을 바꿀 필요도 있다. 초등학생 때는 '이 단원의 문제를 다 풀면 공부가 끝난다'고 생각했다면 중학생이 되면 '이 단원 공부를 위해 문제를 풀어야겠는데, 우선 홀수 번호 문제만 풀어서 전체를 파악한다' 와 같이 공부의 의도를 늘 염두에 두어야 한다.

> "가방 챙기기, 숙제하기, 시험공부까지 엄마인 제가 챙깁니다. 혼자 두면 제대로 하는 것이 하나도 없는데, 중학교에 가서도 계속 엄마가 도와주어야 할까요?"

자기주도학습이라 해서 모든 것을 아이 혼자 완벽히 해야 하는 것은 아니다. 공부하는 방법과 생활습관은 부모가 격려하고 도움을 주어야 한다. 그 과정에서 아이들은 자연스럽게 방법을 익히게 된다. 학교에 다녀와서 숙제를 펼치도록 살피는 것은 자기 전에 양치질을 했는지, 엄마 없는 동안 밥은 어떻게 먹었는지를 확인하는 것과 같은 일이다. 아이들은 공부를 할 때 무엇이 중요하고 시험에 나올 만한지를 판단하지 못한다. 그러니 "문제로 나와 있는 것은 대부분 중요한 거야. 그러니 틀린 문제는 두 번씩 봐야 해" 식의 구체적인 도움을 주어야 한다.

공부 지도를 특별히 일찍 손 떼야 하는 것은 아니다. 밥을 차려주면서 "언제까지 엄마가 밥을 차려주어야겠니?"라고 잔소리하지 않듯 아이의 공부도 가능한 눈여겨 살펴주는 것이 좋다. 그래야 아이도 중학교 공부에 부담이 덜하다.

다만, 학습을 도와주는 과정이 잔소리와 말다툼으로 이어지지 않도록 주의해야 한다. 엄마의 도움을 아이가 원하기 때문에 소통에 스트레스가 없다면 중학교는 물론 고등학교에 간 후에도 함께하는 것이 좋다. 중1을 지내면서 대부분 아이들이 "내가 알아서 할 거야"라고 선언하게 된다. 그 전까지는 아이에게 맞는 공부 방법, 생활습관을 제시해주자.

최고의 선행학습은 독서다

사실 독서만 한 선행학습이 없다. 탄탄한 사고력을 갖추면 어떤 공부를 해도 금방 내 것으로 흡수할 수 있기 때문이다. 다른 공부를 하기도 바쁠 시기에 독서를 강조하는 이유는 책을 읽으며 언어능력과 논리력, 인간 이해, 공간 상상, 신체감각, 자연 탐구 등 다양한 분야의 사고가 자연스럽게 자극되고 융합되기 때문이다. 이러한 사고작용은 책을 읽는 동안 자연스럽게 이루어지므로 아이가 판타지나 무협지에 빠져 있어도 상관없다.

중학교 입학 무렵에 아이들의 전두엽은 성인의 뇌로 변화된다.

자주 쓰지 않는 회로는 가지치기를 해버리고 자주 쓰는 회로를 중심으로 리모델링을 하는 것인데, 다양한 사고를 경험하지 않으면 그만큼 버리는 회로가 많다. 무엇이든 푹 빠져 다양하게 읽고 상상하며 배우게 하자. 권장 도서나 교과서에 실린 문학작품 등에 발이 묶여서도 안 된다. 대형 서점이나 도서관에 가서 아이들 손에 잡히는 대로 책을 고르게 하자. 그러면서 책 고르는 요령과 안목도 생긴다.

다른 아이들은 어떤 책을 읽을까? 또래의 도서 추천을 받고 싶다면 '1318 책벌레' 카페를 참고하자(cafe.naver.com/1318bookworm). 청소년들이 직접 읽고 친구들에게 추천할 만한 책들을 지속적으로 업데이트하고 있어 도움이 된다.

02

선행학습에 대한 착각

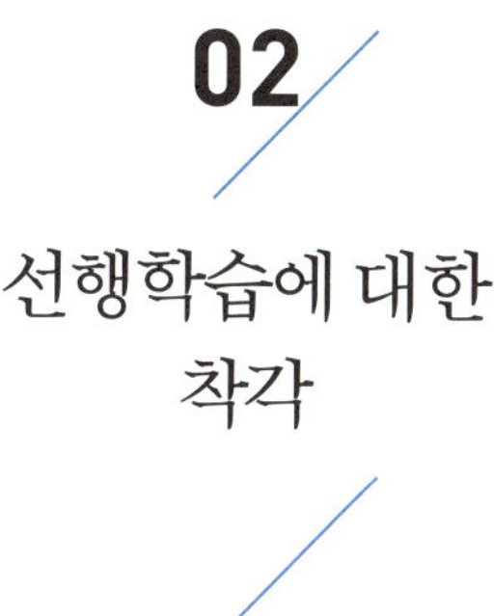

예비 중1 엄마들에게 가장 큰 부담은 아마도 선행학습일 것이다. 필요성을 못 느끼는 엄마라도 남들이 다 하니 안 할 수 없다는 입장이다. 한다면 어느 정도 해야 할까? 벌써 중학교 과정을 끝낸 아이들도 있다니, 기가 막히면서도 불안해진다. 하지만 흔들리지 말자. 선행학습은 성적과 무관하며 선행학습으로 학습에 흥미를 잃은 아이들은 시간이 갈수록 성적이 떨어진다.

선행학습과 성적은 무관하다

예비 중1이라면 당연한 듯 중학교 선행학습을 한다. 그런데 선행학습을 하는 이유를 가만히 생각해보면 참 우습다. "미리 공부해두지 않으면 못 따라갈 거 같아서"가 가장 일반적인 대답이다.

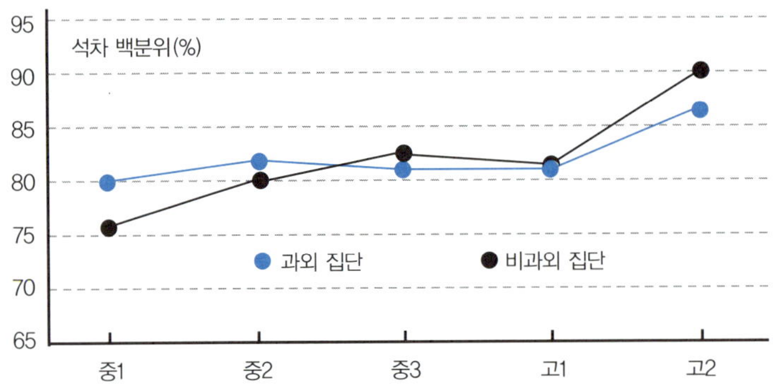

중학교 공부는 어려워질 테니 미리 공부해두어야 한다는 생각을 할 수도 있겠다. 그렇다면 선행학습을 한 아이들의 성적이 더 좋아야 하는데, 그렇지 않다는 게 문제다.

선행학습 사교육을 받은 집단과 선행학습을 하지 않은 집단의 상위 30% 학생들의 국어 성적을 비교해본 결과 처음에는 선행학습을 한 아이들의 성적이 좋았으나 중2 중반을 지나자 선행학습을 하지 않은 집단의 성적이 더 좋았다.

'이미 알고 있다'는 착각이 학습 흥미를 떨어뜨린다

왜 이런 일이 벌어지는 것일까? '이미 알고 있다'는 착각 때문이다. 학원 다니며 힘들게 선행학습을 한 아이들은 학교 수업을 편안하게 즐기며 선행학습에 대한 보상을 받으려 한다. '오늘 진도 뭐지? 아는 거네, 뭐' 해버린다.

학습 의욕을 새롭게 끌어올려도 모자랄 판에 매시간 '편안하게' 수업을 들으니 그것이 만성화된다. 수업 집중이 무엇인지도 모르고 수업 후 복습이 어떤 느낌인지도 모른다. 그렇게 서서히 늘어져버린 공부 고무줄은 탄력을 잃고 힘을 내지 못한다. 그 시기가, 위 연구 결과에 따르면 중2 중반이다.

'너무 모르면 자신감이 떨어지지 않을까?'는 잘못된 걱정

그래도 엄마들은 선행학습을 놓지 못한다. 이제 막 중학교에 들어간 아이가 수업 시간에 전혀 모르는 내용을 배우면 자신감이 떨어진다는 것이 이유다. 뭐라도 조금 알아야 수업을 따라갈 수 있다는 얘긴데, 자신감을 위해서라면 사교육에 의존하는 것보다 스스로 선행학습을 하는 게 낫다. 수업 시간의 집중력을 고려한다면 선행학습보다 다음 날 수업을 예습하는 것이 훨씬 효과적이다.

중학교에 입학한 아이들은 마냥 어린애가 아니다. 수업을 이해하지 못했다는 절박함은 오히려 더 큰 자극이 되기도 한다. 오늘 뭘 배웠는지 집에 돌아와 복습을 철저히 할 것이고, 다음 수업을 위해 교과서를 읽기도 할 것이다. 혹시 선생님이 문제 풀이를 시킬지 모르니 미리 문제를 풀어보는 아이들도 있을 것이다. 스트레스 상황이기는 하지만 아이들은 이렇게 공부를 경험한다. 부모가 알아서 학원 등록을 해주며 모든 곤란함을 차단하는 게 능사가 아니다.

남들 다 하니까 안 할 수 없다?

선행학습을 왜 할까? 가만히 생각해보면 우리 아이가 꼭 선행학습을 해야 할 이유는 없다. 그래도 대부분은 선행학습을 한다. 주변 분위기가 그렇기 때문이다.

예를 들어, 특별히 신청한 적이 없는데 아이가 다니는 학원에서 선행 진도를 나간다. 선행학습을 한다는 이유로 학부모가 학원을 옮길 일이 없으니 자연스럽게 선행학습을 하는 것이다. 하지만 그 책임까지 학원이 도맡지는 않는다. 선행학습의 폐해는 고스란히 내 아이의 몫으로 떨어진다. 그래서 자꾸만 사교육을 자제하라는 당부를 하는 것이다.

혹시 우리 아이가 동네 애들이 다 다니는 학원에 다니며 "나 지금 어디 배워", "내 친구들 다 여기 다녀" 하며 마음의 위안을 얻고 있지는 않은가(엄마가 그러고 있을지도 모른다)? 다시 한 번 강조하지만, 선행학습을 하려거든 아이 스스로 하게 하자. 예비 중1 엄마의 역할은 공부할 책을 사러 서점에 함께 가고 모르는 문제를 함께 고민하는 것으로 충분하다.

너무 일찍 공부에 질려버렸습니다

저는 지금 대학 1학년입니다. 어릴 때는 늘 '천재', '신동'이라는 말을 듣고 자랐어요. 공부도 잘했고 책도 많이 읽었고 경시대회 문제도 쉽게 풀었으니까요. 초등학교 5학년 때 이미 중3 과정을 모두 끝냈고 6학년 때는 중학교 과정을 반복했습니다. 학원 선생님은 제가 6학년 때 이미 특목고 합격을 할 수 있는 실력이라고 했어요. 그렇게 중학교를 입학했더니 중1 공부는 정말 쉬웠습니다. 대충 해도 늘 1등이었지요. 시험 점수만 잘 나오면 되니까 더 이상의 공부는 하지 않았어요. 중학교 2학년 때 성적이 조금 떨어지기는 했지만 그래도 전교 상위권이었습니다.

중3이 되어 외고에 지원했지만 불합격했고, 일반고에 진학한 후에도 열심히 공부를 하지 않았습니다. 성적은 점점 떨어져 반에서 상위권을 겨우 유지할 정도였어요. 그래도 공부가 잘되지 않았습니다. 초등학교 때는 그날 공부를 다 하지 않으면 잠도 자지 않고 울면서라도 단어를 외웠는데 그 힘은 다 어디로 갔는지…… 너무 일찍 공부에 질려버린 게 아닌가 싶습니다. 그때는 잘하는 거라고 생각했던 선행학습이 오히려 공부를 더 힘들게 만든 것 같아요.

중고등학교 때 더 많은 공부를 하지 못한 게 아쉽습니다.

03

선행학습에 대한 압박감,
이젠 좀 덜어질까?

선행학습을 전제로 수업을 하고 시험을 출제하는 관행은 학생들에게 과도한 학습 부담을 주는 주요인이었다. 하지만 2014년 9월 12일부터 공교육 정상화법이 시행되면서 선행학습에 대한 부담이 덜어질 것으로 기대하고 있다. 그러면 우리 아이 학습은 앞으로 어떻게 지도해야 할까?

울며 겨자 먹기로 선행학습

아이들 고생만 시킨다며 사교육을 싫어하는 엄마도 울며 겨자 먹기로 선행학습을 시키는 경우가 있다. 학교에서 선행교육을 조장하기 때문이다.

"학교에서도 선생님들이 선행학습을 전제로 진도를 빨리 나가요. 선행학습을 한 아이들이 수업을 시시해하니까 선생님들도 기본적인 내용은 넘어가고 난이도가 어느 정도 되는 내용만 가르치더라구요. 그러니까 그 수업을 처음 듣는 애들은 못 따라가지요.”

당연히 시험도 어렵다. 해당 학년에서 배우는 내용을 중심으로 문제가 나오지만 상급 학년의 내용을 안다면 더 쉽게 풀 수 있는 문제들도 있다. 그렇기에 선행학습을 하지 않은 아이들은 시험 시간이 부족하거나 복잡한 풀이 과정에서 실수를 하는 등 오히려 손해를 보는 것이다.

선행교육 및 선행학습 유발 행위 금지

선행학습으로 인한 폐해를 줄이기 위해 2014년 9월 12일부터 공교육 정상화법이 시행되었으니 이제는 교육과정에 맞는 학습을 기대할 수 있다. 공교육 정상화법은 초 · 중 · 고등학교에서 선행교육을 하거나 선행학습을 유발하는 평가 등을 금지하기 위한 법으로 중 · 고등학교와 대학의 입학전형도 입학 단계 이전 교육과정의 범위와 수준을 벗어나지 못하도록 한다.

공교육 정상화법에서 금지하는 선행교육은 정규 수업이나 방과후학교에서 학교가 편성한 교육과정을 앞서는 교육과정, 입학이 예정된 학생을 대상으로 해당 학교의 교육과정을 사실상 운영하는 행위를 포함한다. 예를 들어 중학교 입학 예정인 학생을 일정 기간 출석시켜 중학교 과목 내용을 지도하는 경우 선행교육에 해당하므로 공교육 정상화법의 규제를 받는다.

선행학습 유발 행위란 학생이 배운 학교 교육과정의 범위와 수준을 벗어난 내용을 지필평가, 수행평가, 각종 교내 대회 등에 출제하는 행위는 물론 입학이 예정된 학생을 대상으로 해당 학교 입학 단계 이전 교육과정의 범위와 수준을 벗어난 내용을 출제하여 평가하는 행위까지 아우른다. 따라서 중학교 입학 예정인 학생을 대상으로 하는 배치고사에 중학교 내용을 출제하는 경우 선행학습 유발 행위에 해당하므로 공교육 정상화법의 규제를 받는다.

선행학습이 필요 없는 입시

즉 학교에서는 학교가 편성한 교육과정의 범위와 수준 내에서 수업 및 방과후학교가 이루어지고 학교 시험은 배운 내용에서 출제된다. 중간·기말고사 등 지필평가는 물론 수행평가와 수학경시대회 같은 교내 대회도 각 학년에서 배운 내용을 토대로 해야 한다. 이렇게만 해도 학부모들의 부담은 한결 가벼워지는데, 여기에 하나 더 보태 입시에도 공교육 정상화법이 적용된다. 사교육 없이 준비하는 공정한 입시를 위해 대학, 특성화중, 특목고, 자사고 등의 입학전형은 입학 이전 교육과정의 범위 안에서 시행되도록 규정하고 있다.

또한 입학전형을 실시하는 중·고등학교는 각 학교의 설립 목적과 특성에 맞게 학교생활기록부의 기록 내용을 반영해야 하며,

해당 학교 입학 이전 교육과정의 범위와 수준을 뛰어넘는 자료나 해당 교과목 이외의 교과 성적을 입학전형에 반영해서는 안 된다. 학교 밖에서 치른 경시대회 수상 경력, 각종 인증시험 성적, 각종 자격증 취득과 같은 선행학습을 유발할 수 있는 실적을 반영해서도 안 된다.

| 각 학교의 설립 목적과 특성 |

국제중	국제 분야로 교육과정 등을 특성화하여 운영하도록 지정된 특성화 중학교
외국어고	외국어에 능숙한 인재 양성을 위한 외국어 계열의 고등학교(영어 교과 반영)
국제고	국제 전문 인재 양성을 위한 국제 계열의 고등학교(영어 교과 반영)
과학고	과학 인재 양성을 위한 과학 계열의 고등학교(수학 · 과학 교과 반영)
자사고	건학 이념에 따라 학생들의 능력과 적성에 맞는 다양하고 개성 있는 교육과정을 운영하는 학교(반영 교과와 비율은 교육감의 승인을 받아 학교에서 자율 결정)

※ 국제중, 서울 방식 자사고는 교과 성적 미반영

| 자기주도학습 전형 배제 사항(2015학년도 기준) |

TOEFL · TOEIC · TEPS · TESL · TOSEL · PELT, HSK, JLPT 등 각종 어학 인증시험 점수, 한국어(국어) · 한자 등 능력시험 점수
올림피아드(KMO 등), 교내외 각종 경시대회 입상 실적, 영재교육원 교육 및 수료 여부 등
부모(친인척 포함)의 사회 · 경제적 지위를 암시하는 내용

선행교육 방지를 위한 부모의 역할

간혹 학부모들이 겨울방학 기간에 다음 학년에 편성된 과목을 미리 보충수업으로 개설해달라고 요청하는 경우가 있다. 이는 학부모가 학교에 '공교육 정상화법을 위반하라'고 부추기는 행위다. 학부모는 학교가 정상적으로 학교 교육과정을 운영할 수 있도록 적극 협조해야 한다.

공교육 정상화법 제6조는 학부모의 책무에 대해 규정한다. 학부모는 자녀가 학교의 교육과정에 따른 학교 수업 및 각종 활동에 성실히 참여할 수 있도록 지원하고 학교의 정책에 협조하여야 한다는 것이 주요 내용이다. 그러니 공개수업이나 학부모회의, 입시설명회 등 학교에서 학부모를 대상으로 열리는 각종 행사나 다양한 학부모 활동에 참여하여 학교의 분위기와 교육과정 운영 실태를 파악하자.

만약 학교에서 상급 학년의 내용을 가르치거나 시험문제에 낸다면 학부모는 이의를 제기할 수 있다. 우선 해당 학교에 민원을 제기하면 학교에서는 학업성적관리위원회 등을 개최하여 처리하고, 그 결과에 불복할 수 없다면 교육지원청에서 판단한다. 교육지원청은 교육과정정상화심의위원회의 심의가 필요하다고 판단될 경우 교육청에 상신을 하고, 교육청에서는 내부 검토 후 교육감 소속 교육과정정상화심의위원회를 개최한다.

공교육 정상화법이 취지에 맞게 운영되기 위해서는 학부모들의 협조가 꼭 필요하다. 이러한 규정에도 불구하고 맹목적으로 사교육에 의존하여 선행학습을 지속하거나, 학교의 선행교육을 그대로 방치한다면 폐해가 고스란히 아이들에게 돌아간다.

경시대회 준비를 위한 선행도 안 되나요?

Q 우리 아이는 중1입니다. 과학을 좋아하고 잘해 학교에서도 과학탐구반으로 활동 중인데요. 간혹 시도 교육청이나 교육지원청이 주관하는 대회나 교내 경시대회가 있으면 그것을 준비하기 위해 2학년이나 3학년 내용을 배우기도 합니다. 이것도 금지되나요?

A 그렇습니다. 중학교 1학년 학생들에게 상급 학년의 내용을 지도하는 경우 선행학습 유발 행위에 해당하므로 학교 교육과정 범위 내에서 지도해야 합니다. 대회를 주관하는 기관은 출전 대상 학년을 제한하거나 학년별로 대회를 분리하여 실시하는 방법 등으로 운영해야 합니다.

04

입학 전 겨울방학,
나만의 공부를 즐기자

겨울방학을 보내는 예비 중학생들은 혼란스럽다. '방학인데 좀 쉬어도 되지 않을까'라는 생각과 '이렇게 놀다가는 중학교 가서 뒤처지지'라는 불안이 교차하기 때문이다. 그러면 중1 입학을 앞둔 아이들은 긴 방학을 어떻게 보내는 것이 좋을까? 늦잠 자는 여유와 나만의 공부를 즐기며 원하는 성과를 내도록 아이를 격려하자. 잠시도 놀지 않고 공부하는 모양새만 따라 하는 아이들보다 훨씬 신나고 알찬 방학을 보낼 수 있다.

앞으로 배울 지식의 바탕 다지기

겨울방학이 되면 아이들은 마치 자석에 이끌리듯 새 학년 선행학습을 한다. 선행학습을 한다고 해서 성적이 크게 오르지 않는다는 것을 매년 경험하면서도 하지 않으면 뒤처질 것 같은 불안함에 연례행사처럼 선행학습을 한다. 대부분 사교육에 의존하지만, 사실 선행학습을 하면서 '학교 진도를 미리 나갔다'는 안도감 이외에 얻는 것은 별로 없다. 오히려 학교 수업의 '진도'가 학원에서 이미 배운 부분인지 확인되면 마음이 놓이면서 수업 시간의 이해와 집중도는 훨씬 떨어진다.

선행학습을 한 학생들은 학교 수업 중 자신에게 익숙한 내용만 기억할 가능성이 매우 높다. 즉 자신이 이미 배워 익숙한 내용 말고는 중요하지 않다고 여겨버리는 것이다. 학교에서는 교과과정의 학습 목표대로 수업이 이루어지므로 학원의 수업보다 원칙과 과정에 더 많은 초점을 둔다. 그러나 답 맞히기에 익숙한 '학원생'들은 정작 자신이 푼 문제에 적용된 공식이 어떤 과정을 거쳐 도출되었는지를 이해하지 못하는 경우가 많다.

선행학습을 하고 싶다면 학교 진도를 먼저 나간다는 조급증 대신, '앞으로 받아들일 지식의 바탕을 만든다'는 생각으로 학교에서 공부할 주제를 미리 검색해보거나 관련 도서를 읽어보는 등의 방법을 실천해야 한다. 그 후 학교 수업이 이어진다면 익숙한 주제이므로 흥미로울 것이며, 불안함이 덜하고, 구체적인 학습 내용은 이전에 본 것이 아니므로 수업에 집중할 수밖에 없다.

무작정 학원에 가지 말자

방학의 긴 하루를 어떻게 채워야 할지 모르는 아이들에게 종일반 학원은 종합 선물 세트와도 같다. 주요 과목의 선행학습만이 아니라 자율학습도 보장되기 때문이다. 특히 자녀들의 시간관리가 어려운 워킹맘들에게는 어쩔 수 없는 선택이기도 하다. 그러나 아이의 공부를 하루 종일 학원에 맡겨버리는 것은 아이의 '학습 근육'을 전혀 키워주지 못하기 때문에 위험하다.

아이가 해야 할 공부가 무엇인지 먼저 생각해야 한다. 취약 과목 보완이나 선행학습 말고도 더 어려운 공부를 하고 싶은 과목이 있을 수 있고, 아이가 원하는 공부 방법을 생각해볼 수도 있다. 아이가 스스로 하고 싶은 공부, 해야 할 공부를 진지하게 생각해보는 것은 지금의 학습 상황을 점검하는 계기가 되므로 의미가 크다. 사교육 중에서도 개인과외를 할 수 있다면 좀 더 능동적으로 내가 원하는 교재와 공부 방법, 공부 순서, 숙제 등을 정해보자.

학원에 가기로 했다면 하루 일과가 정해지는 종합반보다는 단과반을 택하는 것도 한 방법이다. 학원을 오가느라 시간을 버리는 것이나 친구들과의 비효율적인 시간 때움이 싫다면 인터넷 강의로 수업을 대신하고 나머지는 문제를 풀면서 숙제를 하는 방법도 좋다.

학교에서는 불가능한 몰입 학습의 재미를 체험하자

학교에서는 지식을 과목별로 나누어서 배우고, 40~50분 단위로 수업 시간이 끊어져 있다. 따라서 한 주제에 깊이 몰입하기 어렵고 이 지식과 저 지식이 종횡으로 연결되는 재미를 느낄 수 없다. 아이들이 학교 공부에 큰 흥미를 느끼지 못하는 것도 이 때문이다. 그러나 방학은 시간과 공간을 학생들이 마음껏 활용할 수 있다는 점에서 매력적이다.

방학 동안 평소에 궁금했던, 관심 있었던 주제를 몇 가지 골라 범위와 깊이의 제한 없이 생각을 이어가는 탐구를 해보자. 예를 들어 학교 공부는 조선시대의 이야기를 시간의 순서로 나누어 역사 과목으로 한정하여 배우지만, 아이가 자유롭게 조선시대를 공부한다면 조선시대의 기후변화가 기근을 가져왔고 그것이 정치와 경제에 어떤 영향을 주었는지 등을 연결해볼 수 있다. 자연스럽게 읽고 싶은 책들이 나타나고 꼬리를 물어 궁금한 것들이 이어질 것이다. 과목으로 나누자면 지구과학과 경제, 정치, 역사 등이 복합적으로 섞인 것인데, 이러한 공부는 학교에서는 경험하기 어렵다.

학교 수업은 의무교육과정의 학습 목표를 이루기 위한 방법으로 편성되어 있으므로 아이의 학습 욕구와는 맞지 않는 부분도 많다. 그래서 더더욱 방학에는 평소에 하지 못한 자신만의 공부를 해야 한다. 무엇이든 재미를 느끼면 열정도 커지게 마련이다. 초등학교 마지막 겨울방학을 사고의 힘을 키우고 공부할 맛을 되살리는 시간으로 만들어가자.

중학교 공부에 대한 부담으로 스트레스를 받습니다

Q 초등 6학년 딸을 키우는 엄마입니다. 우리 딸은 욕심이 많아 공부든 운동이든 야무지게 잘해냅니다. 누구에게 지면 속상해 울기도 하고요. 중학교 공부를 준비하기 위해 종합반 학원을 등록했는데 방학 때는 하루 종일 학원에서 살다 올 정도입니다.

그런데 엄마인 제 입장에서는 스스로 하는 공부가 없다는 점이 마음에 걸리고, 아이의 성장기를 이렇게 보낼 수 없다는 생각에 학원을 끊자고 했지요. 그랬더니 아이가 불안해합니다. "너 정도면 충분히 혼자서 할 수 있어"라고 이야기해줘도 자신의 공부는 한없이 부족하다고 여깁니다. 학원 수업이 없는 주말에도 학원 가느라 영어 단어를 못 외웠다며 쉬질 않습니다. 어떻게 하면 좋을까요?

A 공부와 숙제에 신경 쓰는 것이 익숙한 학생들은 할 일이 없거나 자는 시간이 많아지면 해야 할 노력을 덜 한 것 같아 불안해합니다. 힘이 들어야 열심히 한 것 같은 느낌이 드는 거죠. 잘못된 고정관념입니다. 중학교 공부에 대한 열정은 좋지

40

만 부담으로 자신을 괴롭히지는 말아야 합니다. 특히 친구들만큼 하지 않으면 뒤떨어진다는 생각으로 취침 시간을 늦추거나 하루에 외워야 하는 단어의 수를 늘리면서 하는 공부는 나를 괴롭히는 공부에 불과합니다. 당연히 성과도 없고 피곤하기만 해요. 공부는 자신의 목표와 꿈을 이루기 위해 하는 것이지, 남보다 잘하기 위해 하는 것은 아님을 알려주세요.

공부를 열심히 했다면 성취감과 뿌듯함이 느껴져야 합니다. 계속 불안하다면 무언가 잘못된 노력을 하고 있는 거예요. 지금까지는 욕심이 많아 스스로 잘해왔으니 그 과정에 어떤 감정이 들어가 있는지 부모가 크게 신경 쓰지 않았을지도 모릅니다. 하지만 지금부터는 공부하는 마음을 살펴주세요. 그대로 방치하면 공부 양이 많아지고 난이도가 어려워질 경우 감정 조절을 해내지 못할 것입니다.

05

중학교 가면 정말
성적 떨어지나?

중학교에 가면 성적이 떨어진다는 불안감은 해마다 예비 중1들을 괴롭힌다. 초등학교 때 받던 칭찬 위주의 서술형 평가와 달리 중학교의 숫자 가득한 성적표는 자신의 상대적인 위치를 확인할 수 있게 해준다. 따라서 실제로 성적이 떨어졌다기보다 성적이 떨어졌다고 느낀다는 표현이 맞다. 이런저런 소문에 들뜨지 말고 아이의 마음을 살피자. 한결같은 노력을 강조하되 점수를 위한 전략적인 공부법도 알려주어야 한다.

성적이 떨어졌다고 느끼는 것뿐

이 책에 담긴 100여 개의 주제 중에서 예비 중1 엄마들이 가장 많은 관심을 기울이는 것이 바로 '중학교에 가면 정말 성적 떨어지나?'일 것이다. 한마디로 대답을 하면, 실제로 성적이 떨어지는 것이 아니라 성적이 떨어진다고 '느끼는' 것뿐이다.

초등학교 때는 칭찬 위주의 서술형 평가서를 받았겠지만, 중학교에서는 내 아이의 학습 성과를 과목별 점수와 전 과목 평균 점수라는 숫자로 받아본다. 그뿐이 아니다. 친절하게도 전교 평균 점수와 반 평균 점수까지 모두 기록되어 같은 반과 같은 학년 아이들 사이에서 우리 아이의 위치를 확인할 수도 있다. 요즘은 성적표에 등수를 기록하지 않는 추세지만, 담임선생님에 따라 등수를 평가서에 직접 적어주거나 학부모 상담 시 궁금해하면 알려주는 경우도 있다.

그러니 중학교에 가서 성적이 떨어졌다고 느끼는 것은 지금까지 몰랐던 아이의 상대적 실력을 알게 된 충격과, '우리 아이는 잘하니까'라고 믿어온 구름 같은 희망이 현실적인 숫자들 앞에 무너지는 암담함 때문이다.

초등학교와 중학교는 교육 목표가 다르다

이렇게 평가 방법이 다른 이유는 가르치는 목적이 다르기 때문이다.

초등학교의 교육 대상은 '어린이'이며, 한 명의 낙오자도 없이 주어진 교과과정을 마치기 위해 최대한 노력해야 한다. 교과과정의 내용은 대한민국의 국민이라면 누구나 알아야 할 기초지식이다. 이를 위해 다양한 시청각 교구를 활용하며, 모둠수업이나 체험활동 등 아이들이 재미를 느낄 만한 방식으로 수업을 해 공부라는 딱딱함이 아이들을 교육체계에서 밀어내지 않도록 애를 쓴다. 사실 초등학교 6년 동안 배운 지식만으로도 죽을 때까지 생활하는 데 전혀 부족함이 없다. 그 이상의 지식은 직업 수행에 필요하거나 학문 탐구의 의지로 더해나가는 것뿐이다.

중학교는 '청소년'을 가르친다. 초등학교 때보다 조금 더 심화된 교과 내용을 가르침으로써 고등학교 공부를 준비하도록 하며, 대놓고 말하지는 않지만 평가를 통해 '공부할 놈'과 '공부하지 않을 놈'을 가른다.

사회가 발전할수록 학교교육이 비판을 받는 게 사실이다. 현대 사회는 점점 다양한 인재들을 필요로 하는데 학교 교육은 교과과정을 익히는 능력 외에 다른 능력들은 전혀 가르치지도 평가하지도 않기 때문이다. 아이들의 뇌는 다양한 분야로 뻗어가며 열정을 보이고 있는데 학교에서는 그중 한 가닥만 인정하고 있으니 답답하고 아쉬운 일이다. 하지만 어쩌랴. 많은 실험학교와 대안학교들이 기존의 교육과는 다른 교육을 시도하고 있지만 국가 차원의 대책은 어렵고도 멀다.

소문에 팔랑거리며 아이를 몰아세우지 말자

중학교 입학을 앞두고 얼마나 많은 말들이 도는지 모른다. 학교 배정에 대해, 이번 졸업생들의 수준에 대해, 교육정책의 변화에 대해, 어떻게 되면 유리하고 어떻게 되면 불리하다는 둥 엄마들이 모인 곳에는 항상 그 동네만의 교육 뉴스가 오간다. 아이의 교육에 무관심한 것도 문제지만, 이 같은 '아줌마 소식'에 빠져드는 것도 문제다. 뚜껑은 열어봐야 안다. 엄마들이 관심을 가져야 할 부분은 다른 엄마들의 이야기가 아니라 우리 아이의 이야기여야 한다.

아이들도 이런저런 소문을 들으며 '내가 가는 학교에 공부 잘하는 애들만 몰리는 건 아닐까' 하고 불안해한다. 중학교에 입학한 한 아이는 학교 분위기에 대해 '공부 훈련소에 들어온 기분'이라고 말했다. 선생님마다 공부와 성적 이야기를 너무 많이 하고, 점수로만 아이들을 판단하고, 담임선생님들 사이의 우열도 그 반 평균 점수에 따라 달라진다는 사실을 알고 나니 학교가 학교 같지 않더란다. 그럴 만도 하다. 아직 초등학교 생활에 익숙한 아이들의 눈에는 점수와 공부가 전부인 중학교 생활이 차갑고 낯설 수밖에 없다.

상황이 이러니 엄마까지 나서서 "중학교 가면 성적 떨어진다더라. 공부 열심히 해야 돼" 하며 겁주지는 말자. "상황은 늘 변하는 거야. 우리 집이 이사를 가기도 하고 아빠가 회사를 옮기기도 하잖아. 주변 이야기에 너무 신경 쓰지 마. 내가 해야 할 노력만 성실히 하면 돼"라고 본질만 이야기해주자. 많은 생각 끝에 건네는 진실한 한마디는 아이들이 새겨듣는다. 이는 엄마들도 명심해야 하는 말이기도 하다.

엄마가 아무리 칭찬과 격려를 해도 점수만큼 아이들의 기를 살리진 못한다. 나름 열심히 하는데 성적을 내지 못하는 경우는 대부분 시험 범위에서 중요도를 판단하는 능력이 떨어지기 때문이다. 시험에 나올 만한 내용을 가려내지 못하니 찍어준 내용을 달달 외워도 원리를 묻거나 사례를 바꾸면 또 헷갈린다.

그러니 가능하다면 엄마가 아이의 공부를 섬세하게 돕자. 중요한 내용이 무엇인지 함께 찾고 모르는 문제도 같이 풀며 아이의 공부 방향을 잡아주어야 한다. 이러한 공부 도움은 평소 복습 시에 하는 것이 좋다. 시험을 앞두고 하면 결국 싸움으로 끝난다.

초등학교 때까지는 매일매일 주어진 공부를 성실히 하는 것만으로도 훌륭했지만 중학교 공부는 강약 조절과 전략이 필요하다. 전체를 훑어보고 중요한 내용을 가려내는 방법을 알려주자. 조금만 도와주면 아이는 금방 스스로 한다.

도움 기간은 한 학기에서 1년 정도가 적당하다. 물론 개인차가 있다. 아이가 원한다면 계속해도 좋다.

06

배치고사 준비에
학원까지?

배치고사는 반 편성의 기준이 될 점수를 얻기 위한 시험이라 큰 의미를 둘 필요는 없다. 학원가에서는 예비 중1들의 불안한 심리를 이용해 배치고사 특강을 마련하기도 하는데, 배치고사 대비 문제집을 사서 풀어보는 것으로 충분하다. 이때도 배치고사를 준비한다는 생각보다 초등학교 때 배운 내용을 다시 한 번 복습한다는 마음가짐으로 공부해야 한다.

학원 광고에 혹하지 말자

아이가 중학교에 간다고 이것저것 챙기는 엄마들을 보면 안타까울 때가 있다. 안 해도 될 것은 하고, 해두면 좋을 것에는 관심이 없는 경우가 많기 때문이다. 한껏 들떠 결혼 준비를 하거나 출산 준비를 할 때를 떠올리면 내 말이 이해가 될 것이다. 예식이 끝나면 입지도 않을 한복을 맞추느라 큰돈을 쓰고, 좁은 방에 아기 침대를 사놓고는 얼마 쓰지도 못하지 않았던가.

배치고사를 준비한다는 이유로 학원에 가는 것도 마찬가지다. 학원 설명회를 들으면 어떤 엄마든 철썩 등록을 하고 만다. 학교별로 수년간의 기출문제를 분석한 자료와 그것을 토대로 매우 정교하게 잘 짜여진 수업 프로그램, 배치고사 수강생들이 이후 중1반에 등록하면 수업료를 할인해주는 혜택 등 부모 입장에서 돈이 전혀 아깝지 않다는 생각이 들 만큼 학원 광고가 화려하게 펼쳐지기 때문이다. 이렇게 엄마들은 또 한 번 한복 맞추는 실수, 아기 침대 사는 실수를 반복한다.

배치고사 잘 봐서 뭐하게?

그런데 가만히 생각해보면 배치고사가 그렇게 중요한 시험은 아니다. 학생부에 기록되는 것도 아니고 수행평가에 반영되는 것도 아니며 배치고사 성적 순서대로 반을 나누는 것도 아니다. 그걸 알면서도 엄마들은 아이를 학원에 보낸다. 왜? 이성적 판단과 불안한 감정은 따로 작동하기 때문이다. 학원 원장들의 말을 전부 믿어서는 안 된다는 것도 알고 배치고사가 그렇게 중요한 시험이 아니라는 것도 알지만 '남들은 다 하는데'라는 불안감과 '그래도 우리 애는'이라는 욕심에서 벗어나기는 여간 힘든 게 아니다. 그래서 학원을 보내는 것이다.

물론 감정의 소용돌이에서 빠져나온 엄마들도 있다. 그런 '깨어 있는' 엄마들도 결국에는 아이를 학원에 보낸다. 왜? 두 가지 이유가 있다. 첫째, 긴 겨울방학 동안 아이가 집에만 있으니 자꾸 잔소리를 하게 되는데 배치고사 특강에라도 보내면 뭐라도 하나 배워 오지 않겠느냐는 바람으로 보낸다. 둘째, 중요하지 않은 시험이라도 대충 본다는 태도를 심어주고 싶지 않아서다. 어떤 시험이든 열심히 준비하고 최선을 다하기를 바라는 마음으로 보내는 것이다.

공부하고 싶다면 스스로 공부하자

불안과 욕심에 사로잡혀서가 아니라 최선을 다하는 태도를 길러주려는 의도라도 배치고사를 위해 필요 이상의 돈과 시간을 들여 학원을 다니는 것은 반대다. 아이가 배치고사 공부를 하길 원한다면 차라리 문제집을 사다가 도서관으로 보내는 방법이 더 낫다. 성적에 큰 부담이 없는 시험이니 혼자 공부하는 것도 도전해볼 만하다.

배치고사에 출제되는 문제들은 대부분 초등학교 고학년(특히 6학년)의 교과 내용 중 중학교 교과과정과 연결되는 내용이다. 엄마가 도움을 줄 수 있다면 6학년 교과서에서 중요한 단원을 골라 어려운 문제들 중심으로 문제집을 다시 풀어보게 하자. 중학교 교과서를 미리 받았다면 아이와 교과서 목차를 함께 살펴보는 것도 좋고, 서점에서 파는 배치고사 대비 문제집의 도움을 받아도 괜찮다. 학교마다 수업 진도가 약간씩 달라 배우지 않은 내용이 포함되어 있지만(아이들이 배우지 않았다고 주장하는 내용은 대부분 배웠는데 까먹었거나 다른 방식으로 배운 내용들이다) 넘어가지 말고 다 풀어야 한다. 배치고사는 우리 학교 출신들만 보는 시험이 아니기 때문이다.

배치고사 문제집은 초등학교 6학년 때 배운 내용 중에서 주요 내용만 간추려놓은 것과 비슷하다. 그러니 문제를 풀며 공부하는 동안은 배치고사를 잘 보겠다는 목적의식보다 초등학교 때의 공부를 단단히 복습한다는 태도가 더 필요하다. 결국 그렇게 다져진 바탕 지식이 있어야 중학교 공부를 탄탄히 세워나갈 수 있기 때문이다. 이것은 배치고사 준비로 학원 보내는 것을 말리는 이유이기도 하다. 배치고사 특강을 위해 학원에 가는 순간 아이들은 '배치고사를 위한 공부'라는 생각에서 벗어나기 힘들다.

물론 문제집에 나온 대로 시험이 출제되는 건 아니다. 그건 학원에서 받은 유인물대로 시험이 출제되지 않는 것과 같다. 하지만 배치고사 준비를 했다는 안도감, 그것도 스스로 했다는 자부심이 더 중요하다.

Q 예비 중1 학부모입니다. 배치고사 보러 가는 아이에게 "그냥
학교 구경하러 간다고 생각해"라고 긴장을 풀어주었습니다. 하
지만 배치고사 점수가 담임선생님에게 첫인상을 심어준다는 말
들이 있어 신경이 조금 쓰입니다. 다들 학원 다니며 준비했는데
우리 아이만 공부 못하는 애로 찍히지는 않을까요?

A 중학교 수학 교사입니다. 학기 초에는 선생님들이 처리할
복잡한 업무들이 많아요. 점수의 균형을 고려해 반 편성을 하
고 수업시수에 맞춰 반별 시간표를 짜야 합니다. 그 시간표에
따라 교사 시간표도 짜야 하지요. 교원 한 사람이 할 수 있는
수업 시간이 한정되어 있어서 정교사와 계약직 교사의 업무를
구분도 해야 하고요. 이런 업무는 보통 수학 교사가 맡습니다.
우리 학교에서는 제가 수학 교사 중 막내라 수년째 담당하고
있어요.

반 편성을 할 때는 반별 균형이 중요합니다. 비슷한 성적의 아
이들만 몰려서도 안 되고 반별 성적의 차가 커서도 안 되거든
요. 아이들을 잘 섞어야 하는 거예요. 그래서 배치고사를 보는
것입니다. 초등학교에서는 교과성적을 점수로 나타내지 않는

데다 학생부의 기록 형태가 학교마다 달라 반 편성의 기준으로 삼을 수가 없거든요. 배치고사 성적을 기준으로 한다고 해도 누가 누구인지 모르는 상태에서 기계적으로 점수의 균형만을 고려하는 정도입니다.

저도 1학년 담임을 하지만 사실 배치고사 성적을 유심히 보지는 않습니다. 관심이 없다기보다 눈여겨볼 틈이 없는 거지요. 학기 초에는 워낙 업무가 많으니까요. 다른 선생님들도 모두 마찬가지일 것입니다. 배치고사 성적보다 수업 태도가 첫인상에 더 많은 영향을 미치지 않을까 생각합니다.

07

늘어나는 학습량 때문에
힘들어해요

중학교 공부를 준비하는 초등 5, 6학년들은 늘어나는 학습량에 힘들어한다. '너만 안 하면 지는 거야'라는 압박 대신 '어떤 공부를 어떻게 조절할까' 하고 문제 해결 과정을 경험케 하는 것이 바람직하다. 대부분 예비 중1들은 학원 수업으로 과도한 공부를 하는 경우가 많으니 부모가 먼저 불안감에서 벗어나 자녀의 상태를 살펴주자.

공부에도 성장통이 있다

공부가 많아지고 어려워지면 힘들다는 투정을 하는 것도 당연하다. 몸이 클 때 한번씩 앓듯 공부가 커질 때도 마찬가지다. 힘들다고 하나씩 그만둘 수는 없다. 필요한 공부고 충분히 할 만한 공부라면 '공부앓이'를 할 수 있도록 1~2주 지켜보자. 그 기간에 필요한 것은 구체적인 격려와 맛있는 간식뿐이다. 스스로 고비를 넘기고 견디며 할 만하다는 자신감을 얻으면 공부를 이어나갈 수 있고 앞으로 점차 학습 분량이 늘어나도 잘해낼 수 있다는 자신감이 생긴다.

비슷한 고민은 중학교 진학 후에도 이어진다. 아이들은 2~3일만 어려운 단원을 공부해도 '중학교 공부는 다 이렇구나' 하며 일반화해버린다. 마찬가지로 2~3일만 쉬운 공부를 해도 '뭐 중학교 공부도 별거 아니네'라고 느낀다. 부모는 모른 체 반 격려 반으로 아이가 중학교 공부에 적응하기를 기다려주는 것이 좋다. 아이들 역시 스스로 중학교 공부에 대한 부담과 각오를 가지고 있어 대부분은 큰 탈 없이 지나간다.

아이의 선택권을 존중해야 한다

이 과정을 건강히 지나가기 위해서는 아이가 지금 하는 공부의 필요성을 알아야 한다. 단지 '엄마가 정해준 공부이기 때문에 한다'는 생각으로는 고비를 넘길 수 없다. 성실히 잘 따라오던 아이가 힘들다는 의사 표현을 했다면 무언가 할 말이 있다는 신호다. 아이에게 지금 하고 있는 공부 중에서 하기 싫거나 효과가 없다고 생각하는 건 없는지 물어보자. 있다면 그것부터 빼야 한다. 공부의 흐름이 끊기는 것보다 무서운 것은 공부에 대한 부정적인 감정이 생기는 것이기 때문이다.

기본적으로 성실한 학생들은 스스로 정한 규범을 쉽게 흔들지 않는다. 엄마가 선택권을 주어도 아무렇게나 공부를 그만두지는 않을 테니 불안해할 필요는 없다. 하지만 아이가 그만하고 싶다고 결정한 공부에 대해서는 의사를 존중해주어야 한다. "아니야, 그 공부는 필요해", "지금까지 해온 게 아깝잖아" 하며 엄마가 설득을 하고 나서면 아이는 무기력해진다. '어차피 엄마가 정한 대로 할 건데 뭐. 내가 무슨 말을 해도 소용없을 거야'라고 판단하고 다음부터는 무엇을 공부하든 아무 생각 없이 그저 시키는 대로만 하게 된다. 반대로 자신의 생각이 반영된 공부를 한 아이는 책임감을 느낀다. 무엇을 공부하든 필요성과 목적을 생각하게 된다.

공부 위기를 넘기는 현명한 모습을 보여주자

아이가 하기 싫다는 공부에 대해서는 대안이 필요하다. 예를 들어 학습지가 지겹다고 하면 당장 그만두지 말고 학습지 공부의 빈도를 줄여보자. 매일 하던 것을 일주일에 2~3회 정도만 하는 식이다. 학습지를 풀던 시간에는 책을 읽거나 다른 문제집을 정해 공부하면 된다. 공부하는 시간은 같더라도 지겨운 느낌은 줄어드니 한결 편안해진다. 이렇게 1~2주 동안 공부해보고 그래도 학습지가 싫다고 하면 그때는 정말 그만두어야 한다.

중학교 공부를 준비하기 위해 가장 필요한 것은 자신의 공부를 관리하는 능력이다. 지금 어떤 공부를 계속하느냐 그만두느냐는 근본적인 문제가 아니다. 아이는 공부하다 힘든 경험을 태어나서 처음 하기 때문에 공부하다 힘들면 어떻게 해야 하는지를 스스로 깨닫고 익히는 것이 무엇보다 중요하다. 아이들에게 가장 강력한 배움터는 부모의 태도다. 그러니 공부든 일이든 위기에 맞닥뜨렸을 때 어떻게 힘든 고비를 잘 넘길 수 있는지를 몸소 보여주자. 그러한 경험이 아이에게 최고의 선물이 될 것이다.

긍정적인 마음으로 함께 견뎌나가는 것이 가장 좋고, 한편으로는 아이가 공부하는 항목들을 살펴보며 필요하다면 공부 방법을 바꾸도록 조언도 하자.

공부의 뼈대를 지키고 있다면 학습량을 줄여도 좋다

우리나라 초등 고학년들은 대부분 학원의 예비 중1 반에 들어가는 것으로 중학교 공부를 준비한다. 예비 중1이라는 명목으로 과도한 선행학습을 하고 숙제 분량도 많으며 학원에서 보내는 시간도 길다. 즉 필요 이상의 공부를 하고 있다. 중학생이 되어서도 계속할 수 있는 공부가 아니라면 줄여도 괜찮다.

중학생이 되면 공부 분량이 늘어나기는 하지만 매일 해오던 공부 습관을 유지만 해도 충분히 적응할 수 있는 양이다. 예를 들어 초등학교 때는 30분이면 복습을 마칠 수 있었는데 중학교에 가면 복습하는 데 1~2시간이 걸리기도 한다. 매일 복습하는 습관이 몸에 밴 학생들은 복습 분량이 늘어나는 것을 견딜 수 있지만, 그렇지 못한 학생은 공부할 게 너무 많다며 하소연을 한다. 겉으로 보기에는 공부 부담이 2~3배 늘어난 것 같지만 사실 공부의 속성은 같은데도 말이다.

매일 복습, 매일 독서, 그날 숙제는 그날 끝내기 등 가장 기본적인 공부 습관을 철저히 지키고 있다면 충분하다. 혹 이것이 되지 않고 있다면 다른 공부는 모두 놔두고 평소 공부 습관부터 잡아주자. 학원이나 학습지 공부는 때에 따라 달라져도 괜찮지만 복습, 독서, 숙제는 매일 챙겨야 할 밥과 같다는 점을 명심하자.

예비 중1, 이런 공부는 줄여도 좋다

● 주변에서 다 하니 나도 하게 된 공부 : 이런 공부는 '이걸 안 하면 뒤처진다' 라는 불안함이 지배한다. '이 공부로 무엇을 얻겠다' 는 능동적인 학습 동기가 생기기 어려우므로 투자한 시간이나 비용 대비 학습 효과가 떨어진다.

● 한 과목에 여러 개의 사교육 : 한 과목 공부를 위해 학원을 두 군데 다니거나, 학습지도 하고 학원도 다니는 경우다. 공부마다 특장점이 달라 이것저것 모두 욕심이 나겠지만 모든 것을 전부 배우는 것보다 뼈대를 배우고 나머지는 스스로 확장해나가는 것이 바람직하다. 아이들의 두뇌는 생각보다 뛰어나다. 배운 것을

충분히 익힐 시간을 주자.

● 아이가 하기 싫어하는 공부 : 아무리 훌륭한 선생님, 좋은 교재라도 아이들 마음에 싫은 감정이 생기면 학습 효과는 나지 않는다. 선생님이 싫든 친구들이 싫든 이유가 무엇인지는 중요하지 않다. 상한 감정은 논리적인 설득으로 치유되지 않으니 1~2개월 쉬게 하거나 다른 방법으로 공부하는 게 좋다.

● 과도한 비용이 드는 공부 : 비싼 공부 하나든, 여러 공부를 합한 비용이 비싸든 매달 아이들의 공부 비용이 가계에 부담이 될 정도라면 줄여야 한다. 자녀교육에 과도한 비용을 들이는 것은 그만큼 자녀교육에 대한 기준과 철학이 부실하다는 증거다. 돈에 신경 쓰는 부모는 자녀가 학원을 하루만 빠져도 민감해져 아이가 왜 학원에 빠졌는지는 파악하지 못한다. 부모가 먼저 평정심을 회복하자.

08

혼자 공부하던 아이,
학원에 보내야 할까?

초등학교 때까지 별다른 사교육을 시키지 않던 엄마들도 아이가 중학생이 되면 슬슬 불안해진다. 하지만 겁먹을 것 없다. 그동안 집에서 엄마와 공부를 해왔다면 중학교에 입학해서도 집에서 공부를 하면 된다. 오히려 학원 다니는 아이들보다 더 편하고 재미있게 공부할 수 있다. 욕심이 난다면 공부 시간을 늘리자. 엄마는 공부 일정과 방향을 잡는 등 큰 틀을 정해주고 모르는 문제가 나오면 토론자가 되어 아이와 충분히 대화를 나누자.

불안해서 학원에 갈 필요는 없다

'애들은 놀면서 커야지' 하며 초등학교 때까지 별다른 사교육을 시키지 않던 엄마들도 아이가 중학생이 되면 슬슬 불안해진다. 남들 다 하는 선행학습도 안 해서 '이래도 되는 건가' 싶은 것이다.

하지만 중학교 공부라고 해서 겁먹을 이유는 없다. 그동안 집에서 엄마와 공부를 해왔다면 중학교에 가서도 집에서 공부를 하면 된다. 어려서부터 학원에 길들여지지 않은 아이들은 학원의 시스템을 견디기 어려워한다. 모르는 걸 물어볼 시간도 없고, 기계처럼 숙제만 해가야 하니 재미도 없고 힘만 들기 때문이다.

학원에 다니는 아이들이 들고 다니는 그럴듯해 보이는 교재들은 학원의 화려한 커리큘럼에 따른 것일 뿐 중학교 공부에 꼭 필요한 것들은 아니다. 아이에게 도움이 되긴 하겠으나 그에 따른 기회비용이 너무 크다.

아이가 원해서도 아니고 특별히 학원에 가야 할 목적이 있는 것도 아니라면 그냥 불안하다는 이유로 학원에 보내지는 말자. 학원에 간다고 불안감이 해소되는 것도 아니며 특별히 성적이 오르는 것도 아니다.

혼자 더 잘할 수 있는 방법을 찾자

학원에 가는 대신 그 시간에 혼자 공부하는 게 낫다. 모르는 문제를 한참 고민하거나 소리 내어 책을 읽는 공부는 학원에서 할 수 없다. 선행학습을 하고 싶다면 문제집을 사다 풀고 인터넷 강의를 들으면 된다. 학원 다니는 아이들처럼 하루 종일 할 것도 없다. 지금까지 엄마와 해온 공부 시간을 그대로 유지하자.

중학생이 되어 공부 시간을 늘린다고 해도 30분 정도만 늘리면 충분하다. 집중해서 효율을 낼 수 있는 공부 시간은 중학생의 경우 하루에 2시간을 넘지 못한다. 이 시간도 연이어서는 불가능하며 30~40분 단위로 나누어 공부해야 한다.

문제는 엄마다. 어려워지는 중학교 공부를 다 가르쳐줄 수 있을지 걱정이 되기 때문이다. 하지만 오해하지 말자. 엄마는 선생님이 아니다. 혹 선생님을 능가하는 실력을 갖춘 엄마라 해도 아이가 엄마에게 의지해서는 안 된다. 엄마 없이는 공부 못하는 아이는 학원 없이 공부 못 하는 아이와 다를 게 없다. 모르는 건 아이 스스로 찾아봐야 하고, 엄마는 그저 공부 친구로 옆에 있어주면 된다.

중학생이 된 아이, 엄마는 토론 파트너

학년이 올라갈수록 엄마의 역할도 줄어든다. 매번 공부해야 할 페이지를 정해주고 채점까지 하는 풀 서비스는 이제 그만둘 때가 되었다는 얘기다.

엄마는 아이가 스스로 생각하기 어려운 것들을 도와주어야 한다. 공부 방향과 일정, 교재 선택 등 미래를 내다보는 일과 통찰력을 발휘하는 일은 아이보다 어른이 훨씬 낫다. 아이와 목차를 함께 보며 "한 주에 한 단원씩 공부하면 겨울방학 끝나기 전에 이 책을 다 볼 수 있겠다” 정도로 방향을 잡아준 뒤 한 주에 한 단원씩 공부하려면 하루에 몇 쪽을 봐야 하는지는 아이에게 정하라고 하면 된다. 그렇게 몇 번 하다 보면 아이는 주말에 더 놀기 위해 주중에 해야 할 공부 분량을 늘리는 등 조금씩 공부 요령을 터득하게 된다.

학원을 보내지 않는 엄마들이 가장 난감할 때는 본인도 모르는 문제, 어려운 문제가 나올 때다. 무조건 학교 선생님한테 물어보라고 할 수도 없는 노릇이다. 중학교 선생님들이 아이들 한 명 한 명에게 신경을 쓰지 못하는 데다, 아이가 교무실까지 쫓아가 모르는 걸 알려달라고 매달리는 것도 쉽지 않다. 게다가 사춘기 아이들은 요란하게 공부하는 티를 내는 것을 질색한다.

모르는 문제가 나타나면 엄마는 토론 파트너가 되어주자. 그 문제를 꼭 풀어야 하는 건 아니다. 잘못된 문제일 수도 있고, 억지스럽게 함정을 판 문제일 수도 있다(사실 시중의 문제집 중에는 책 만드는 비용을 줄이기 위해 검토 과정을 철저하게 거치지 않은 것도 많다). 그 문제를 통해 아이가 뭐라도 하나 배우면 되는 거다. 문제를 함께 읽고 어떤 부분이 어려운지, 출제자의 의도는 무엇인지, 어디까지 이해를 했는지 함께 수다를 떨면 된다. 그 과정에서 아이는 엉킨 생각을 정리하고 문제에 함축된 내용을 이해하게 된다.

아이들이 공부하며 부딪히는 가장 큰 문제점은 공부 내용이 어려운 것보다 공부에 집중하지 못하고 공부를 지속하지 못하는 데 있다. 청소년기 특유의 잡념과 우울감에 사로잡힌 상태에서 겨우 공부를 하려고 앉으면 모르는 문제가 나타나 공부할 맛을 싹 날려버리는 것이다. 모르는 문제가 몇 번 반복되면 아이들은 자존심이 상해 결국 책을 덮어버린다.

모르는 문제가 나타났을 때 그 순간 나빠진 감정을 언어로 바꿀 수 있다면 매우 훌륭하게 감정 조절을 한 것이다. 모르는 문제에 대해 엄마와 이야기를 나누는 것은 감정 코칭의 효과를 낸다.

"엄마, 이 문제 이상해."(이렇게만 말해도 혼자만의 감정에 휩쓸리지 않는다.)

"어떤 부분이?"

"답을 두 개 고르라고 했는데 아무리 봐도 답이 하나밖에 없어."

(무엇 때문에 짜증이 나는지 구체적인 언어로 표현하고 있다. 여기서 감정은 이성으로 옮겨지며 안정된다.)

정답을 찾아내는 것과 상관없이 여기까지만 대화가 이루어져도 상당한 효과를 볼 수 있다. 그다음에는 함께 책을 찾고 보기를 하나씩 살펴보면서 내용을 꼼꼼히 공부한다. 엄마와 공부할 때는 학원이나 학교가 줄 수 없는 것을 줄 수 있다. 바로 대화다. 공부하면서 이루어지는 자연스러운 대화가 끊기지 않게 하자.

자신에게 맞는 자기주도학습법은 스스로 시행착오를 겪으며 '이렇게 하면 되겠구나' 하고 깨닫는 과정에서 정립된다. 그러니 마술 같은 비법을 찾느라 애쓰지 말자. 가장 정확한 공부법은 실천으로 '만들어지는' 것이다. 아이가 스스로 알아서 공부하는 습관을 들이길 바란다면 무엇보다 부모가 먼저 변해야 한다. 선행학습보다 매일 꾸준히 하는 공부가 중요함을 알려주고, 학교와 선생님을 신뢰하도록 바른 마음을 심어주자.

Part 2

자기주도학습이 가능해지는 방과 후 학습 관리

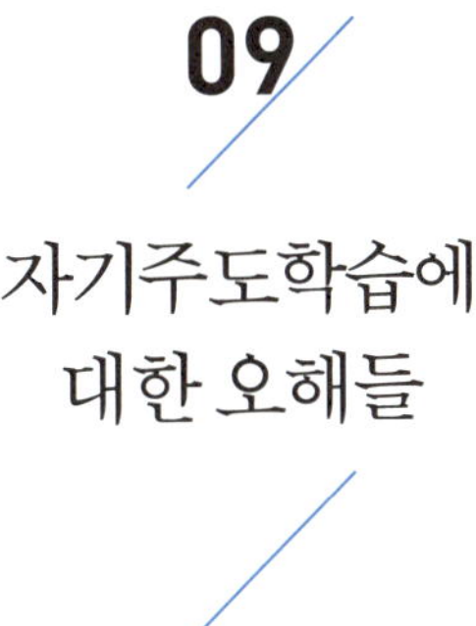

자기주도학습에
대한 오해들

자기주도학습은 자연스럽게 익히는 것이다. 그런데도 교육 '시장'에서는 자기주도학습을 새로운 유행으로 만들며 '학원을 다녀서라도 자기주도학습 방법을 배워야 한다'는 분위기를 조성하고 있다. 상황이 이렇다 보니 사교육을 받는 학생은 자기주도학습자가 아닌 것처럼 보이고, 부모들은 "네 공부는 네가 알아서 좀 하라"며 아이를 몰아세운다. 관심이 많으면 탈도 많은 법, 자기주도학습에 대한 오해들을 풀어보자.

자기주도학습은 사교육의 도움 없이 공부하는 것이다?

자기주도학습은 자신이 공부의 주체가 되는 것이지, 그 어떤 도움도 받지 않는다는 말이 아니다. 사교육은 학습 도구일 뿐이니

'이러저러한 공부를 위해 얼마간의 학원 공부가 필요하겠다', '어떤 단원만 인터넷 강의가 필요하겠다' 처럼 능동적으로 활용하면 된다.

자기주도학습과 학원을 두고 고민하는 학생과 학부모가 많은데, 학원을 다니고 안 다니고가 중요한 것이 아니라 자기주도학습에 필요한 선택의 대상임을 명확히 인지하는 것이 중요하다. 사교육비를 줄이기 위해 자기주도학습을 해야 한다는 생각도 다시 점검해야 한다. 아이에게 필요한 공부를 챙기다 보면 사교육비는 커질 수도 있기 때문이다. 과학을 좋아하는 아이라면 빨리 다음 단원을 공부하고 싶을 것이다. 혼자 공부를 잘하다가도 어려운 문제를 만나 답답하다면 질문을 해결해줄 과외 선생님이 필요하지 않을까? 자기주도학습은 학원, 과외를 어떻게 활용하느냐의 문제지 학원 공부나 과외를 하느냐 마느냐와는 상관이 없다.

아이가 혼자서는 아무것도 할 수 없다면 사교육의 도움을 받자. 학원 선생님은 하루에 얼마나 진도를 나가는지, 과외 선생님은 얼마나 숙제를 내주시는지 눈여겨보자. 아이가 혼자 공부한다면 어떻게 하면 좋을지 아이디어를 얻고 방법을 배우면 그 또한 자기주도학습이다.

자기주도학습을 하면 교사와 부모가 할 일은 줄어든다?

자기주도학습 능력, 즉 스스로 내 공부를 이끌어가는 능력은 수년에 걸쳐 서서히 형성된다. 그러니 "언제까지 엄마가 도와줘야 하나요?"라는 질문은 성립될 수 없다. 아이의 학습에 참여하는 것은 할 수만 있다면 평생 해도 좋다. 실제 연구에서도 혼자 공부한 아이들보다 어른들의 지도와 격려를 받으며 공부한 아이들이 훨씬 안정적인 자기주도학습 능력을 나타냈다. 그러나 그 소통이 잔소리와 갈등만 일으킨다면 당장 그만두어야 한다. 엄마의 잔소리와 그로 인한 갈등이 공부에 대한 나쁜 감정을 형성하도록 만들기 때문이다.

자기주도학습을 지도하고 싶다면 관계 회복이 먼저다. 무언가를 가르친다는 생각은 버리자. "오늘은 어떤 공부를 할래?", "오늘 다 못한 건 어떻게 하지?" 같은 방향 제시로 시작해야 한다.

예를 들어, 어려운 수학 문제로 끙끙대는 아이가 있다고 하자. 아이는 그 한 문제 때문에 시간이 지체될까 봐, 그리고 다 풀지 못했을 경우 꾸중을 듣게 될까 봐 불안할 것이다. 그럴 때 어른들은 그 아이의 평소 실력으로 미루어 약간의 힌트를 줘야 할지, 다시 생각해보게 할지를 판단할 수 있어야 한다. 그리고 아이에게 "평소의 네 실력으로 미루어보건대 네가 충분히 풀 수 있는 문제야. 그러니 천천히 생각해서 다시 풀어봐. 그 과정에서 너의 사고력이 커질 거야. 그게 진도를 빨리 나가는 것보다 훨씬 나아"라고 말해주어야 한다.

자기주도학습에서 선택과 실천은 아이들의 몫이다. 어른들은 생각을 빌려주고 구체적인 격려를 해주는 서포터가 되어야 한다.

자기주도학습을 위한 특별한 방법이 있다?

자기주도학습은 공부의 양이 아닌 질 문제다. 자기주도학습을 위해 갑자기 보던 책을 바꾸거나 잠을 줄이는 등의 변화는 필요 없다. 예를 들어 시험공부 전략이나 시간관리 같은 새로운 학습 기술은 누구나 배울 수는 있지만, 결국 그 방법을 자기 공부에 적절히 활용한 아이들만 효과를 볼 뿐 그 방법 자체가 특별해서 그 방법을 아는 모든 아이들이 효과를 보는 것은 아니다. 자기주도학습은 아이가 지금까지 해오던 숙제와 공부 습관을 토대로 태도를 바꾸는 것에서 시작된다.

서점에 가보면 '자기주도학습'이라는 주제로 다양한 책들이 나와 있다. 그 책들에서 소개한 방법들을 따라서 해보며 아이에게 맞도록 조금씩 수정해나가자. 그 방법이 아이에게 익숙해지는 데는 수개월에서 수년이 걸리기도 한다. 그러니 아이가 그 방법을 익히지 못한다는 이유로 일찌감치 좌절하는 일은 없어야 한다. 만일 아이가 공부의 리듬을 잡아 스스로 공부를 이끌어갈 수 있다면 다른 집 아이들이 어떻게 공부하는지는 신경 쓰지 않아도 좋다. 결국 같은 원리를 나름의 방법으로 실천하는 것이기 때문이다.

자신에게 맞는 자기주도학습법은 스스로 시행착오를 겪으며 '이렇게 하면 되겠구나' 하고 깨닫는 과정에서 정립된다. 그러니 마술 같은 비법을 찾느라 애쓰지 말자. 가장 정확한 공부법은 실천으로 '만들어지는' 것이다.

자기주도학습은 셀프 리더십과 같은 원리

교육부의 자료에 따르면 자기주도학습의 공식적인 정의는 '학습자가 주체가 되어 학습 과정을 스스로 이끌어가는 학습활동'을 의미한다. 언제 어떤 공부를 어떤 방법으로 왜 할 것인지를 스스로 결정하고 그대로 실천하는 것은 물론, 자신의 공부를 되돌아보고 다음 공부에 반영하는 과정까지 포함된다.

자기주도학습은 '자기주도'와 '학습' 두 가지로 나눌 수 있다. 교사는 학습 내용을 지도하기 때문에 학습에 초점을 두지만 부모는 자기주도를 강조할 필요가 있다. 자기주도적인 사람은 스스로를 이끄는 사람이라는 의미로, 자기(self) 주도(lead)는 성인들의 성공 전략으로 많이 알려진 '셀프 리더십(self leadership)'과 맥락이 같다.

셀프 리더십은 '재능, 감정, 시간, 인간관계 등 자신의 모든 자원을 활용해 원하는 성과를 내려고 스스로에게 영향력을 미치는 과정'이라고 할 수 있다. 이는 자신의 모든 자원을 활용해 원하는 성과를 내려고 스스로 공부를 하는 아이들의 상황과 그대로 맞아떨어진다.

10

부모의 태도 변화가
먼저다

내 아이가 매일매일 꾸준히 공부함은 물론 쉬는 시간, 용돈, 친구 등 자신에게 주어진 모든 기회와 자원을 요령 있게 다룰 줄 안다면 얼마나 좋을까? 그런 사람으로 성장하도록 도우려면 무엇보다 부모가 먼저 변해야 한다. 선행학습보다 매일 꾸준히 하는 공부가 중요함을 알려주고, 학교와 선생님을 신뢰하도록 바른 마음을 심어주자. 느리고 바보 같아 보이는 자기주도학습이 결국은 가장 빠른 성공의 길임을 지금부터 알려주어야 한다.

자기주도학습은 성공 연습

중학교 입학을 앞두고 선행학습을 하는 것이 당연히 여겨지는 이유는 사교육과 강력히 연결되어 있기 때문이다. 학원 등 사교육

기관에서 당연한 듯 선행학습을 주도하고 있으니 선행학습에 대한 욕구가 크지 않던 부모도 학원의 프로그램대로 아이를 선행학습반에 집어넣게 된다.

그러나 사교육에 아이의 공부를 통째로 맡겨버리는 것은 아이의 자기주도학습 능력 향상에 도움이 되지 않을뿐더러 투자한 시간·비용과 비교해 학습 효과가 극히 미미하다. 반면 자기주도학습은 주체적으로 문제를 해결하는 힘을 길러주기 때문에 학교 성적은 물론 대학에서 받는 학점, 사회생활을 하며 받는 임금에 이르기까지 중·장기적으로 모든 면에서 좋은 성과를 이끌어낼 수 있다. 이를 증명하는 흥미로운 연구 결과가 있다.

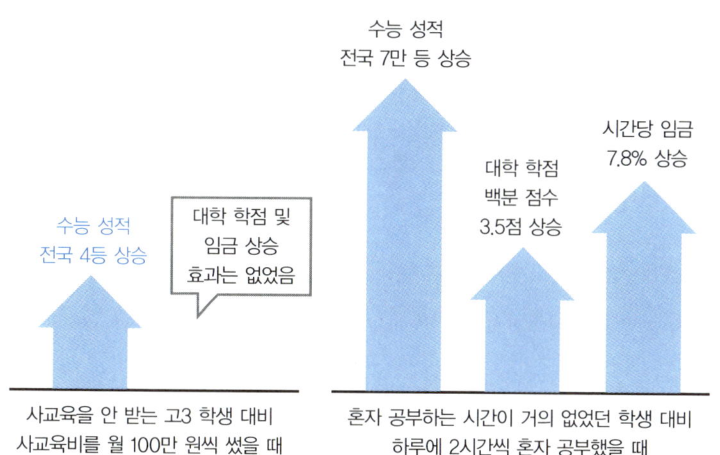

※ 출처 : 김희삼, 〈학업성취도, 진학 및 노동시장 성과에 대한 사교육의 효과 분석〉, KDI 연구보고서, 2010. 12
'왜 사교육보다 자기주도학습이 중요한가?', 2011년 사교육정책중점연구포럼 자료집, 사교육정책중점연구소

첫 번째 연구는 사교육을 안 받는 고3 학생 집단과 월 100만 원의 사교육비를 쓰는 고3 학생 집단을 비교한 것인데, 사교육을 받은 학생들은 그렇지 않은 학생들보다 수능 전국 등수가 4등 높았다. 그러나 이후 대학 학점이나 직장에서의 임금 상승 효과는 없었다.

두 번째 연구는 혼자 공부하는 시간이 거의 없는 학생 집단과 하루에 2시간씩 혼자 공부한 학생 집단을 비교한 것이다. 그 결과 매일 스스로 공부한 학생들은 그렇지 않은 학생들보다 수능 전국 등수가 7만 등 높았고, 대학 학점 백분 점수도 3.5점 높았으며, 직장에서 받는 시간당 임금은 7.8% 높았다.

지금 아이의 사교육비로 얼마를 지출하고 있는가? 지금대로 사교육을 계속한다면 아이의 학년이 올라가고 고등학교에 진학할수록 그 비용은 더 커질 것이다.

앞의 연구 결과에서 드러났듯이 사교육을 받은 학생들은 그렇지 않은 학생들보다 수능 전국 등수가 4등 높은 것에 그쳤다. 그뿐이다. 사교육에 들인 돈이 아이의 자기주도성을 향상시키는 데 조금이라도 기여했다면 대학 진학 후 학점이나 취업 후 임금 상승에도 영향을 주어야 할 텐데 전혀 그렇지 못했다. 그래도 성적이 '쪼금' 오른 것으로 위로를 받아야 할까? 학급에서 4등도 아니고 70만 명에 가까운 전국 수험생 중에서 4등이 오른 것은 우연이라고 봐도 과언이 아니다. 4등이 오르나 4등이 떨어지나 그것이 실력의 차이라고는 보기 어렵다는 말이다. 차라리 100만 원을 아이에게 주고 "성적이 오르면 다음 달에 100만 원을 또 주마"라고 약속하는 게 낫지 않을까?

반면, 혼자 공부하는 시간이 거의 없었던 학생 집단과 하루에 2시간씩 혼자 공부한 학생 집단을 비교했을 때는 놀라운 차이가 있었다. 2시간씩 매일 스스로 공부한 학생들은 그렇지 않은 학생들보다 수능 전국 등수가 7만 등이나 높았고, 그 이후에도 대학 학점 백분 점수도 3.5점 높았으며, 대학 졸업 후 사회에 나가서는 시간당 임금이 7.8% 높았다.

스스로 공부하는 시간을 갖는다는 건 단지 시험을 앞두고 공부하는 것만을 의미하지 않는다. 공부하며 익힌 자기 극복, 성실함, 시간관리, 감정관리 등 모든 경험이 자기주도 능력으로 누적되어 공부도 일도 잘할 수 있는 힘과 지혜를 만들어낸 것이다. 이것이 성공 연습이 아니고 무엇인가.

아이에게 스스로 공부하는 방법을 알려주자. 학교에서 집에 돌아오면 무엇부터 해야 하는지, 시간은 어떻게 써야 하고, 예습과 복습은 어떻게 해야 하는지를 생활 속에서 직접 실천하며 스스로 공부를 이끌어갈 힘을 키우도록 도와야 한다. 학원비를 내는 것보다 신경 쓸 게 많고 번거롭지만 그것이 부모의 역할이며 책임이다.

학교와 선생님에 대한 신뢰를 심어주자

요즘 아이들이 담임 선생님을 부르는 호칭은 참으로 놀랍다. '담임', '담탱이' 정도는 양반이고, 대부분 친구 부르듯 이름을 부른다. 선생님 이름이 김형석이라면 "형석이 왔냐?", "오늘 형석이가 뭐랬는 줄 아냐? 완전 짜증 나" 하는 식이다. 자기들끼리 장난삼아 하는 말 같지만 그 말 속에는 은연중에 선생님을 무시하고 학교를 우습게 여기는 태도가 반영되어 있다. 그러한 태도는 예의와 인성은 물론이고 아이의 공부와 성적에도 직결된다. 뒤에서 선생님 욕을 하는 아이들이 수업 태도가 좋을 리 없고, 그런 아이들이 집에 가서 남몰래 공부를 열심히 할 일 또한 없기 때문이다.

퇴직을 앞둔 한 교장선생님은 아이들의 불손한 태도 뒤에는 반드시 불손한 부모가 있다고 말한다.

"부모가 집에서 선생님 욕을 하면 아이들이 학교에서 선생님을 봐도 인사를 하지 않아요. 학교의 행정 처리나 청소 상태 등 뭐라도 부모님들 눈에는 부족한 게 보일 수 있겠죠. 그래도 아이들 앞에서는 비난하지 않으면 좋겠어요. 아이들이 학교에 대해 나쁜 태도를 갖게 되면 아무 데나 쓰레기를 버리고 침을 뱉어요. 그런 아이들의 성적은 대체로 낮습니다. 그 아이들의 부모는 학부모 행사에 잘 오질 않으시고요."

학교와 선생님에 대한 신뢰를 심어주자. 학교의 교육과정은 공부하기에 가장 적당한 진도와 수준을 제시하고 있으며, 과목별 선생님들은 충분한 실력과 노련한 경험을 갖춘 분이라고 말해주자. 단지 착하게 살자는 게 아니다. 매일매일 자신이 해야 할 공부를 챙기고, 높은 성적을 받아서 원하는 대학에 가고, 어른이 된 후 돈을 잘 벌기 위해서라도 그렇게 해야 한다.

CASE　학교는 즐거운 곳이라고 알려주세요

저는 세 아이를 모두 사교육 없이 키웠습니다. 지금 큰아이는 서울대에 다니고, 고등학생인 둘째는 언어·수학·외국어 과목 모두 1등급을 유지하며, 중학생인 막내는 전국 상위 5% 이내의 성적을 받고 있습니다. 이렇게 세 아이 모두 공부를 잘할 수 있는 가장 기본적인 이유는 학교를 좋아하기 때문이라고 확신합니다. 첫 아이가 초등학교에 입학하고는 학교가 즐거운 곳이라는 느낌을 가지고 생활할 수 있도록 신경을 썼어요. 유치원을 좋아했던 아이에게 학교는 유치원의 연장이며, 선생님은 엄마처럼 너를 사랑하고 새로운 것을 많이 알려주시는 분이라고 말해줬습니다. 학교가 무섭거나 선생님이 무섭고 어렵다는 말은 하지 않도록 늘 주의했어요. 그랬더니 사춘기에도 아이들은 학교가, 그리고 자신의 삶이 행복하다고 말하곤 했습니다.

엄마들이 너무 멀리 있는 것만 생각하지 않으면 좋겠어요. 무엇

보다 매일 가는 학교가 즐거워야지요. 그러면 나머지는 자연스럽

게 해결됩니다.

11

숙제는
하교 후 바로

숙제는 학교 수업의 연장이다. 숙제에 담긴 선생님의 의도를 생각하며 숙제를 한다면 자연스레 복습과 배운 내용을 활용하는 연습까지 할 수 있다. 미뤄서 하는 숙제, 쉬는 시간에 베끼는 숙제는 의미 없이 힘만 들 뿐이니 숙제는 반드시 하교 후에 바로 하도록 지도하자.

쉬는 시간에 숙제하는 아이들

매일 담임선생님과 만나는 초등학교 생활에 익숙한 중1들은 숙제가 있는 과목의 수업이 바로 다음 날에 있지 않다는 사실에 감격한다. 예를 들어 화요일과 목요일 주 2회 수업이 있는 과목이라면 목요일에 숙제가 있어도 다음 주 화요일까지만 하면 되니 자연스럽게 숙제하는 것을 주말이나 다음 주 월요일로 넘긴다. 그러나 곧 숙제에 대한 생각은 사라지고, 결국 다음 주 화요일 쉬는 시간에 급하게 숙제를 한다. 이런 일이 반복되면 아이들은 '숙제는 이렇게 하면 간단하구나' 하는 깨달음(?)을 얻고, 그 간편한 방법에 푹 빠져버린다.

이런 식으로 숙제를 하면 숙제를 통한 학습 효과를 전혀 거둘 수 없을 뿐만 아니라 쉬는 시간을 활용한 복습이나 자투리 독서 등 능동적인 시간 사용이 불가능해진다.

숙제는 받은 날 바로

숙제는 여유를 가지고 진지하게 해야 한다. 그러려면 받은 날에 바로 해야 한다. 그것도 집에 돌아오자마자 가장 먼저 해야 하는 일이다.

무엇보다 숙제는 학교 수업의 연장이므로 숙제에 대한 설명과 내용이 기억에 남아 있을 때 하는 것이 가장 효과적이다. 숙제를 미루면 숙제를 해야 한다는 생각에 어떤 공부를 하더라도 온전히 집중할 수 없으며, 결국 취침 시간을 늦추는 요인이 된다. 게다가 '내일까지 해야 한다'는 조급한 마음 때문에 숙제를 하며 얻을 수 있는 학습 효과마저 누리지 못한다.

검사일까지 여유가 있더라도 숙제는 받아온 그날 해결한다는 원칙을 세우고 지키도록 지도하자. 숙제를 미리 해두면 검사일 전에 더 좋은 아이디어가 생겨 수정하거나 보완할 수 있고, 예상보다 분량이 많을 경우에는 검사일까지 나누어 해결할 수 있다.

장기간 숙제도 받은 날 바로 시작한다

그날 바로 해결할 수 있는 간단한 숙제도 있지만 체험학습 보고서나 독서 기록, 영어 일기 등 한 학기 내내 해야 하는 숙제들도 있다. 보통 학기 초에 내주고 중간고사나 기말고사 무렵 수행평가 점수 반영을 위해 검사를 하는데, 이런 장기간 숙제도 받은 날 바로 시작해야 한다.

예를 들어 독서 기록이라면 어떤 책을 읽을지 대략의 목록을 작성하고 노트를 마련하는 등 틀을 마련해두는 것이다. '시작이 반이다'는 여기에 딱 어울리는 말이다. 이미 숙제에 대한 구상이 끝났으니 스트레스도 없고 성실히 실천하기만 하면 된다. 실천 중에 더 좋은 아이디어가 나오고, 점점 숙제의 질이 향상됨은 물론이다. 몰아쳐서 하면 절대 경험하지 못할 성장이다.

 조금 쉬었다 한다며 바로 숙제를 하지 않아요.

Q 중1 딸아이를 둔 엄마입니다. 저는 아이에게 학교에 다녀오면 바로 숙제를 하라고 해요. 앉아서 쉬다 보면 더 하기 싫어지잖아요. 그런데 아이는 조금 있다 하겠다면서 냉장고부터 열어요. 간식은 엄마가 챙겨줄 테니까 얼른 숙제부터 하라고 해도 알았다고 대답만 하고는 소파에 누워버립니다. 매일 이렇게 다툼이 벌어져요. 어떻게 하면 좋을까요?

A 조금이라도 쉬는 시간을 주는 것이 좋습니다. 다양한 자극을 받은 학교에서 집으로 돌아오면 아이들의 몸과 마음은 충전을 원하기 때문이지요. 특히 내향적인 아이라면 더욱 자기만의 시간이 필요합니다. 하교 후 공부의 순서를 정하자면 숙제가 1번이지만 바로 책상에 앉기는 어려우니(잔소리를 못 이겨 책상에 앉더라도 집중력이 떨어져요), 30~40분 정도는 간식을 먹고 쉴 수 있도록 해주세요. 단, TV 시청이나 게임은 온전한 휴식을 방해하므로 삼가야 합니다.

12

스스로 정한
공부를 시작하자

> 스스로 정한 공부는 학교 수업과 함께 자기주도학습의 양대 산맥이다. 무엇을 공부해야 할지부터 그 공부를 얼마나, 어떻게, 언제까지 할 것인지 모두 스스로 결정하고 실천하는 경험은 그 자체로 학습 효과가 높다. 중학교 3년은 그렇게 공부 연습을 하는 기간이라고 보아야 한다.

스스로 정한 공부의 의미

'스스로 정한 공부'는 말 그대로 내가 정한 공부다. 따라서 학교 숙제, 학원 숙제는 물론 엄마가 내준 숙제도 제외된다. 완전한 자율의지로 하는 학습지나 인터넷 강의 등은 스스로 정한 공부에 해당하겠지만, 자율의지가 아니라면 그것도 제외된다.

이렇게 다 빼고 나면 아이 스스로 하는 공부는 거의 없다는 걸 알게 된다. 지금까지야 부모의 영향이 컸으니 그럴 수 있겠지만 앞으로는 어림없다. 스스로 정한 공부를 시작해야 한다는 것은 지금까지 타율적으로 해온 공부의 범위를 인식하고 서서히 내 공부의 터를 다져야 한다는 걸 의미한다. 즉 엄마가 하라는 대로, 학원이 시키는 대로 하던 공부를 줄여야 한다.

사교육이 따라올 수 없는 힘

연구 결과에 따르면 초등학교 때까지는 사교육에 따라 성적 차이가 나지만, 중학교 이후에는 하위권 학생들만 주 2회 2시간의 사교육을 했을 때 성적에 유의미한 연관성이 있었고, 고등학교 학생들은 성적과 사교육 사이에 아무런 상관관계가 없었다.

초등학교 시절에 사교육이 성적에 영향을 끼친 것도 자녀교육에 대한 부모의 관심도에 따라 성적에 차이가 난다는 것이지, 사교육의 효용성을 의미하는 것은 아니다. 그나마 중학교에 올라간 후에는 중위권과 상위권 학생들에게 사교육이 성적에 영향을 미치지 못했고, 하위권 학생들도 주 2회 2시간 정도만 의미가 있을 뿐 그 이상의 사교육은 성적에 영향을 주지 못했다. 고등학생들의 경우 성적과 연관되는 요소는 사교육도 아니고 중학교 때 성적도 아니었다. 오직 '스스로 공부하는 시간'만이 성적과 비례했다.

대부분의 중1들은 초등 고학년부터 입학 이후까지 적지 않은 사교육을 받고 있다. 만일 여러분의 자녀가 방과 후 모든 시간을 학원에서 보내고 있다면 곤란하다. 종합반을 단과로 바꿔 일주일에 3일(월·수·금 혹은 화·목·토)이라도 자신만의 공부 시간을 내야 한다. 사교육은 꼭 필요한 과목 한 가지 정도만, 그것도 주말로 시간을 조정해서 하고 주중에는 학교 수업과 스스로 정한 공부에 전념하는 것이 가장 좋다. 중1에게 필요한 것은 당장의 성적보다 앞으로 계속 키워가야 할 공부근육이기 때문이다.

스스로 정해서 하는 공부는 점점 향상된다

고3 수능 모의고사에서 전국 석차 상위 0.1% 성적을 내는 학생들이 스스로 공부에 투자하는 시간은 하루에 3시간 정도다. 예상보다 적은 시간 같지만 아침 일찍부터 오후 늦게까지 학교 수업이 이어지는 고3에게 온전히 스스로 하는 공부에 쓰는 3시간이란 저녁 식사 이후 잠들기 전까지 거의 모든 시간을 의미한다(고등학교 석식 시간이 보통 오후 6시 30분에 끝나므로 그 이후 쉬는 시간 없이 3시간을 공부한다 해도 밤 9시 30분이 된다).

물론 이렇게 우수한 학생들이 쓰는 3시간과 보통 학생들이 쓰는 3시간의 효율에는 차이가 날 것이다. 그 차이는 어려서부터 스스로 공부하는 연습이 되어 있느냐에 따라 다르다.

나에게 어떤 공부가 필요한지, 어떻게 공부할지, 어떻게 하면 집중을 잘할 수 있는지 등 나에게 맞는 공부를 늘 해온 학생이어야 같은 시간을 공부해도 질 높은 공부를 할 수 있다. 무엇이든 하루라도 연습을 더 한 사람이 더 능숙한 법 아닌가. 당장 오늘부터 스스로 정한 공부를 시작하자.

무엇을 공부할까

중1 학생들에게 스스로 할 공부를 정하라고 하면 쉽게 결정하지 못한다. 지금까지 그렇게 공부해본 적이 없기 때문이다. 그러니 무엇을 공부할지 생각하는 것부터가 훈련의 시작이다.

공부의 달인이라고 할 수 있는 상위 0.1% 고등학생들은 뭘 공부할까? 그들의 공부는 정직하고 소박하고 성실하다. 한 학생은 EBS와의 인터뷰에서 이렇게 답했다.

"매일 배운 거 복습하고 모르는 문제 다시 풀어보는 것만 해도 바빠요. 그러니까 학원 가서 뭘 더 할 생각은 아예 안 해봤어요. 이걸 안 하고 어떻게 다른 공부를 해요."

스스로 정한 공부의 1순위는 그날 배운 것을 완벽하게 내 것으로 만드는 것이다. 영문법이나 최상위 수학 같은 추가 공부는 그 다음에 덧붙여야 한다.

얼마나 해야 할까

공부 잘하는 고3이 자기 공부를 매일 3시간씩 하니 우리 아이도 그렇게 해야 할까? 아니면 충분한 훈련을 위해 그보다 더 많은 시간을 해야 할까? 사실 중1은 내 공부를 어떻게 해야 하는지 모르기 때문에 3시간이든 1시간이든 부모가 정해주는 것은 의미가 없다. 지금 내가 확보할 수 있는 시간, 그중에서 내 힘으로 공부에 집중할 수 있는 시간을 파악하는 것이 먼저다.

처음에는 20~30분으로 시작하자. 온전히 내가 정한 공부에 집중하고 보람을 느끼는 게 중요하기 때문이다. 짧은 시간 모든 과목을 복습하는 것이 어렵다면 한두 과목을 지정해도 좋다. 그렇게 시작해서 조금씩 늘여가 중1을 마칠 무렵에는 40분, 중2 마칠 무렵에는 50~60분, 중3 마칠 무렵에는 80~90분 정도 스스로 정한 공부에 몰입할 수 있다면 훌륭하다.

유의할 점은 시간 늘리기에 욕심을 부려서는 절대 안 된다는 것이다. 아이가 스스로 정한 공부를 하며 성취감을 느끼는 것이 중요하며, 시간 늘리기는 그 성공 경험을 바탕으로 자율적이고 자연스럽게 이루어져야 한다.

딱 30분만 공부하자

중2 남자아이를 둔 엄마입니다. 제가 그렇게 키운 탓도 있겠지만 우리 아이는 공부에 대한 부담이나 긴장감이 전혀 없었습니다.

중학생이 된 후에도 학원 한 군데 다니지 않았고, 학교에서 오면 숙제만 하고 그냥 놀았어요. 그래서 아이에게 매일 30분만 네가 하고 싶은 공부를 아무거나 하라고 했습니다. 아이도 좋다고 했고요.

처음에는 뭘 해야 할지 몰라 저에게 묻더군요. 배운 부분을 복습하라고 했더니 또 복습은 어떻게 하는 거냐고 물어요. 그래서 교과서를 읽고 문제를 풀라고 알려주었습니다. 처음에는 30분 동안 한 과목 하기도 힘들더니 점점 속도가 빨라지는 게 보였습니다. 30분이 넘으면 더 이상 공부를 하지 않아도 된다는 허락을 했습니다. 그게 오히려 부담을 줄여준 모양인지 30분 안에 복습을 다 끝내려고 애를 쓰는 모습도 보였습니다.

어쨌든 매일 30분, 스스로 정한 공부 시간을 지켰고 중2가 된 지금도 30분은 유지하고 있습니다. 하지만 같은 시간 안에 훨씬 많은 공부를 해요. 30분을 10분, 5분으로 나눠 과목 분배를 하고 배운 만큼 조금씩 영어 본문도 외웁니다. 비록 30분이지만 효율적으로 공부하는 방법을 배운 것 같아 대견합니다. 2학기부터는 40분으로 시간을 늘려보는 게 어떻겠냐고 했더니 좋다고 합니다. 공부 시간을 10분 늘리는 데 1년이 넘는 시간이 걸렸습니다. 그래도 아이가 충분히 자기 힘으로 공부하는 방법을 알았으니 늦다고 생각하지 않아요. 속이 터질 때도 많지만 다른 엄마들도 아이를 충분히 기다리고 지켜보시길 바랍니다.

13

오늘 배운 것은
오늘 복습한다

매일 학교에 간다면 매일 복습해야 한다. 복습은 수업한 내용이 생생히 기억날 때 해야 효과가 있으므로 그날 배운 부분은 그날 바로 공부해야 한다. 주말에 몰아서 하거나, 한 단원 진도를 다 나갈 때까지 기다렸다가 한꺼번에 문제를 푸는 식으로 복습을 '해치우면' 제대로 된 복습 효과를 누리지 못한다.

배운 만큼 문제를 푼다

하교 후 숙제를 모두 마쳤다면 스스로 정한 공부를 시작해야 한다. 스스로 정한 공부의 첫 번째는 '매일 복습'이다. 구체적으로 말하면, 학교 진도에 맞추어 문제 풀이를 하는 것이다. 평소에 이렇게 문제를 풀어두면 시험 기간이 되어도 밀린 공부의 부담이 없다.

매일 복습을 꾸준히 하고 효과를 톡톡히 볼 수 있는 비법은 다음과 같다.

● 학교의 수업 자료(교과서, 노트, 유인물 등)를 집으로 가져온다 : 복습을 위해서는 수업 시간에 본 교과서, 유인물, 노트를 집에 가지고 와야 한다. 책가방이 무거울 것 같지만 하루 5~7교시 중 실습으로 지나간 미술, 음악, 창의 시간이나 운동장에서 보낸 체육 시간 등을 빼고 나면 몇 과목 되지 않는다.

1학년 때부터 교과서를 가지고 다니는 습관을 들여야 한다. 이것만 해도 그날 수업, 다음 날 수업을 생각하게 되고 잠들기 전 책가방을 챙기는 등 학교 수업과 과목별 진도에 대한 분명한 의식이 생긴다.

● 그날 배운 부분의 문제를 골라 푼다 : 문제 풀이를 할 때는 그날 배운 부분의 문제만 골라서 푼다. '오늘 뭘 배웠지?' 생각하며 문제를 찾는 것부터가 공부의 시작이다. 오늘 배운 부분을 훑어보면서 자연스럽게 지난 시간에 배운 것과 다음 시간에 배울 것들까지 확인할 수 있다.

문제 풀이 복습을 꾸준히 하는 학생들 중에는 한 단원씩 문제를 몰아서 푸는 경우가 많다. 문제집 구성이 단원별로 되어 있기 때문인데, 그렇게 풀면 수업한 날짜와 시간 차이가 나서 반복 효과가 떨어지고 문제를 풀며 교과서를 찾아보는 과정이 모두 생략

되어 아쉽다.

● 학교의 수업 자료를 참고하여 푼다 : 문제 풀이의 목적은 많이 맞히는 것이 아니다. 문제를 풀 때는 문제집의 요약 정리나 해설을 보지 않고 교과서와 유인물, 노트를 찾아보면서 풀어야 한다. 그렇게 함으로써 학교 수업을 다각적으로 반복하고 이해할 수 있기 때문이다. 채점을 하고 오답 문제를 다시 볼 때도 해답지 대신 교과서, 유인물, 노트를 찾으며 다시 공부한다.

후루룩 문제를 풀고 "다 했어요" 하기 바빴던 초등학교 때의 문제 풀이는 잊어야 한다. 문제집을 푸는 것으로 공부를 다 했다고 생각해선 안 된다. 문제집은 참고용이고 항상 학교의 수업 자료가 먼저임을 강조하자.

밀린 복습 분량은 어떻게 할까?

매일 복습은 오늘의 수업을 복습하는 것을 목적으로 한다. 그러므로 앞부분에 풀지 못하고 남은 부분이 있다면 그대로 남겨두고 오늘 공부할 분량을 공부해야 한다. 빠뜨린 부분은 오늘 복습을 모두 마친 후에 하고, 밀린 분량이 많다면 주말이나 공휴일을 활용해야 한다. 가장 좋은 방법은 평일에 학교 행사로 수업이 없거나, 수업은 있었지만 비디오를 보는 등 진도가 나가지 않은 날에 밀린 복습을 하는 것이다. 이렇게 하면 주말과 공휴일을 마음 놓고 쉴 수 있다.

무엇이든 매일 하는 것은 어렵다. 게다가 이제 중학교에 입학한 아이들이니 매일 복습을 빠뜨리는 일도 흔하다. 몸이 아파서, 그냥 기분이 안 좋아서, 숙제가 많아서 등 이유도 다양하다. 복습을 빠뜨린 날엔 과목과 해당 교과서 페이지 등을 메모해두고 되도록 일찍 보충하도록 하자.

복습용 교과서를 집에 따로 두는 것은 어떨까?

매일 복습을 위해 교과서를 들고 다니라는 조언에 '복습용 교과서를 집에 따로 두면 어떨까?' 하는 궁금증이 일 것이다. 초등학교 때 그렇게 해본 경험이 있기 때문이다. 결론부터 말하면, 그냥 들고 다니는 것이 좋다. 부모가 자녀의 학습을 전적으로 도와줄 수 있는 초등 저학년 무렵까지는 집에 교과서가 따로 있는 것이 도움이 되겠으나 초등 고학년만 되어도 따로 둔 교과서의 효용은 떨어진다.

공부는 교과서의 텍스트만 가지고 하는 게 아니다. 수업 시간에 밑줄 긋고 필기한 내용, 접어둔 부분, 낙서의 흔적들도 모두 수업 시간을 떠올리게 하는 단서가 된다. 집에 따로 마련한 새 교과서는 학교 수업을 떠올리게 하는 반복 효과를 주지 못하니 의미가 없다.

아이가 교과서를 들고 다니는 것을 귀찮아하면 그 의미를 설명해주자. 교과서는 짐이 아니다. 교과서를 챙기며 내 공부에 대한 책임감과 책을 소중히 여기는 마음이 생긴다는 점도 기억하자.

빠뜨린 복습 메모하기

복습을 하지 못한 날에는 그 내용을 반드시 표시해두어야 한다. 다음 복습 때 보기 위해서기도 하지만, 교과서와 문제집을 펼치다 보면 자연스럽게 빠뜨린 부분을 기억하게 되고 공부할 분량을 가늠할 수 있어 부담이 줄어들기 때문이다. 직접 실천해보면 '오늘은 복습을 쉬어야지' 했다가도 기록을 하던 중 생각보다 양이 적어 그 자리에서 몇 문제를 풀고 복습을 끝내버리는 경우도 생긴다. 빠뜨린 복습을 기록할 때는 교과서 페이지, 문제 번호, 예상 시간 등 되도록 구체적으로 적는 것이 좋다.

| 빠뜨린 복습 기록하기 양식 예 |

수업일	과목	복습 내용(교과서 페이지, 문제 번호, 프린트 필요 여부 등 되도록 구체적으로)	예상 시간(분)
4/13	과학	교과서: 28~29쪽 중간, 30쪽 그래프 문제집: 32쪽 3, 4번	15
4/16	국어	프린트 3쪽: 참고자료 제시문 다시 읽기	5
4/17	수학	교과서: 수업 중 풀지 않은 문제 문제집: 40쪽 8~11번	20

14

매일 예습으로 수업에 대한
집중도 높이기

예습과 복습은 그 자체로 수업을 인식하고 준비하게 해준다. 그래서 예습과 복습 없이 수업을 들으면 공부를 잘하는 아이라도 집중도가 떨어진다. 특히 예습은 다음 수업을 예상하고 준비하게 만들기 때문에 바른 공부 습관을 위해서도 꼭 필요하다. 선행학습을 했다고 해서 예습을 이미 했다고 생각하지 말자. 매일 하는 예습과 복습은 밥과 같아서 한꺼번에 해치울 수 없다.

복습에 이어서 하자

예습과 복습의 중요성은 이미 귀에 못이 박이도록 들었으므로 어떻게든 아이에게 시켜보았을 것이다. 전문가들은 예습과 복습이 공부의 기본인 것처럼 얘기하지만 직접 해보면 그게 공부의 전부라는 걸 알게 된다. 매일 하는 예습과 복습만도 공부 분량이 상당하며, 그 이상으로 공부를 하는 것은 지치고 지루해서 효율이 떨어진다. 특히 예습은 선행학습으로 한꺼번에 해치웠다 생각해버리는 경우가 많은데 바람직하지 않다.

원칙대로 하면, 예습은 다음 날 배울 과목의 공부를 해야겠지만 그렇게 하기에는 집에 가져와야 할 책도 많아지고 번거롭다. 어떻게 하면 좋을까? 매일 복습이 끝나면 바로 이어서 예습을 하도록 지도하자. 다음에 나갈 진도를 미리 살펴보는 것이다. 그 방법은 다음과 같다.

● **그다음 수업 시간에 배울 내용을 읽어본다** : 예습의 기본은 교과서를 읽는 것이다. 특히 국어와 영어는 본문을 숙지하는 것이 중요하므로 예습과 복습을 통해 자연스럽게 반복하는 것이 좋다. 미리 받아둔 유인물이 있다면 읽어보아야 한다. 선생님 중에는 수업을 마칠 무렵에 어떤 부분을 예습하면 좋을지 알려주는 분들도 계신데, 선생님의 수업 의도와 계획이 담긴 말씀이므로 교과서 여백에 메모해두었다가 반드시 그대로 예습하도록 하자. 그렇게 예습을 하다 보면 왜 선생님이 그 부분을 예습하라고 했는지 이유를 발견할 수 있어 예습과 수업에 재미가 붙는다.

● **나만의 표시를 해둔다** : 예습을 할 때는 수업 상황을 떠올려야 한다. 모르는 단어가 있으면 수업을 이해하는 데 방해가 될 테니 미리 뜻을 찾아두고, 중요하다고 생각되는 부분은 밑줄을 치

고, 설명을 잘 들어야 할 것 같은 부분은 물음표를 하는 등 나만의
표시를 해두자. 이 표시들은 수업을 들을 때 예습했던 기억을 불
러와 유기적인 사고를 가능하게 한다. 복습할 때 수업 중에 한 필
기가 수업에 대한 기억을 불러오는 것과 같다. 그렇더라도 모든
내용을 꼼꼼히 기록할 필요는 없다. 예습은 수업에 대한 관심과
집중을 유도하는 정도가 적당하기 때문이다. 완벽하게 공부를 하
면 시간이 많이 걸려 매일 실천하기도 힘들어진다.

● **수업을 예상해본다** : 문제 풀이를 시키는 선생님, 기습 질문
을 하시는 선생님, 사진이나 동영상을 자주 보여주는 선생님 등
선생님마다 수업하는 스타일이 있다. 예습을 하면서 선생님이 어
떻게 수업을 진행하실지 예상해보면 재미있다. '이 부분은 소리
내서 읽어보라고 하실 거 같은데?', '여기서는 암석 사진들을 보
여주시겠지?' 이렇게 수업을 예상해보면 수업에 대한 기대도 생
기고 자신의 예상대로 수업이 진행되는지를 알려고 더욱 집중하
게 된다. 자신의 예상이 딱 맞아떨어지는 순간 느끼는 쾌감은 또
얼마나 즐거운가. 이러한 경험이 다음 예습을 더욱 열심히 하게
만든다. 선행학습으로는 얻을 수 없는 선순환이다.

내 수준에 맞게 예습과 복습의 강약을 조절하세요

중학교 수학 교사입니다. 수업 중 아이들의 표정을 보면 누가 이해를 잘하고 못하는지 알 수 있어요. 아이들에게 예습과 복습 방법만 알려주어도 훨씬 수업 집중도가 높아집니다. 흥미가 있고 성적도 괜찮은 과목이라면 예습을 깊게 해보라고 얘기해주세요. 예습을 충분히 하면 수업이 복습의 효과를 냅니다. 자신이 예습하면서 잘못 이해한 부분은 없었는지 점검할 수도 있고요. 반대로 자신도 없고 성적도 별로인 과목은 혼자 예습을 할 의욕이 안 생기겠죠? 그럴 땐 복습에 비중을 두는 것이 좋습니다. 복습을 하면서 '아~ 수업 시간에 한 얘기가 이거였구나' 하면서 내 공부로 만들어가도록 도와주세요.

예습과 복습은 그 자체로 수업을 인식하고 준비하는 기능을 합니다. 그러므로 예습과 복습 없이 수업을 들으면 공부를 잘하는 아이라도 집중도가 떨어집니다. 둘 중 하나라도 반드시 하도록 해주세요. 자신의 수준에 맞게 예습과 복습의 강약을 조절하면 시간도 절약하고 학습 효과도 높일 수 있습니다.

15

주말에는
보충 공부와 휴식을

주 5일 수업의 영향으로 아이들의 주말이 길어졌다. 그 긴 시간에 아이들에게 뭐라도 시켜야 할 것 같아 불안해하겠지만, 추가 일정을 만들기 전에 주중에 빠뜨린 공부는 없는지 살피는 것이 먼저다. 보충 공부를 한 이후에는 실컷 쉬고 놀게 하자.

토요일은 주중에 빠뜨린 공부를 보충하는 날

주말에는 공부 계획이 헐렁해야 한다. 주중에 바짝 공부를 하고 주말에는 완전히 쉬는 리듬이 좋은데, 주중에 밀린 공부는 매주 토요일에 2~3시간 정도 보충 공부 시간을 정해두고 하면 공부가 조금 밀렸다고 해서 아예 안 해버리는 일을 막고 큰 부담 없이 한 주의 공부를 마칠 수 있다.

주말의 보충 공부, 즉 '패자부활전' 공부를 하는 구체적인 방법은 다음과 같다.

● 목요일 저녁에 주말에 할 공부 목록 작성하기 : 매일 규칙적인 공부를 한다고 하지만 몸이 아프거나 숙제가 많은 날에는 그날의 공부를 마치지 못할 때가 있다. 빠뜨린 공부는 그때그때 메모를 해두었다가 목요일 저녁에 정리해 주말 공부 목록을 만든다. 목요일 저녁이어야 하는 이유는 필요한 교과서, 유인물 등을 금요일에 가져와야 하기 때문이다.

공부 목록을 작성할 때는 페이지와 문제 번호, 예상 시간까지 구체적으로 기록하는 습관을 들여야 한다. 예를 들어, 'A⁺과학 76~77쪽, 80쪽 3~6번 [20분]' 처럼 기록하면 된다. 구체적으로 공부 목록을 작성해야 지체하지 않고 다음 공부로 이어갈 수 있으며, 실천율이 높고 공부 시간을 단축할 수 있다.

● 숙제와 복습이 먼저, 추가 공부는 나중에 : 패자부활전 공부를 할 때도 '숙제 → 복습 문제 풀이 → 추가 공부'의 순서는 변함이 없다. 특히 보충 공부가 주중 공부를 보완하는 수준을 넘어 밀린 공부를 하는 정도라면 평소 공부 분량을 조절해야 한다.

● 남은 시간은 자유롭게 : 정한 시간 안에 밀린 공부가 끝난다면 나머지 시간은 자유시간으로 쓰면 된다. 주중에 빠뜨린 공부가 하나도 없다면 온전히 내 시간이 되는 셈이다. 주중에 참았던 게임을 해도 좋고, 텔레비전을 보아도 좋다. 주중에 성실히 할 일을

한 것에 대한 보상이다.

주말용 공부를 따로 정하자

주중의 밀린 공부를 보충하는 것만 해도 주말을 훌륭하게 보내는 것이지만, 조금 더 공부 욕심이 난다면 주말에만 하는 공부를 따로 정해도 좋다. 일요일보다는 토요일이 좋은데, 일요일은 온 가족이 집에서 쉬는 분위기라 집중력이 떨어지고 종교 활동이나 가족 행사로 분주하기 때문이다.

단, 입학 후 공부 습관이 자리 잡기 전까지는 주말용 공부를 하지 않는 것이 좋다. 평소에 어느 정도나 공부를 할 수 있고 주말에 얼마만큼 보충을 하게 되는지 한 달 정도는 지켜보아야 하기 때문이다. 공부 리듬이 안정되어 주말용 공부를 추가하려 한다면 패자부활전 공부는 토요일 오전 중에 마치고, 주말용 공부는 오후 시간에 하는 게 좋다.

일주일에 한 번 하는 공부이므로 단원과 연계성이 없는 것이 좋고, 학년과 상관없이 꾸준히 이어갈 수 있는 공부가 적당하다. 영어 듣기, 신문 사설 읽기, 수능 기출 단편문학 읽기, 한자 쓰기처럼 말이다. 주말에 학원, 과외 등 다른 공부 계획이 잡혀 있다면 주말용 공부는 하지 말자. 어디까지나 주말은 주중의 레이스를 위해 숨을 고르는 시간이기 때문이다.

사교육이든 무엇이든 주말용 공부를 하려거든 반드시 아이의 자율의지가 바탕이 되어야 한다. 그렇지 않다면 실천율과 학습 효과가 매우 떨어진다.

일요일은 온전히 쉬는 날

주말 동안 충분히 휴식해야 월요일 등교가 가볍다. 그러니 일요일에는 늦잠도 자고, 등산, 사우나, 외식, 집 안 청소를 하면서 가족과 함께 느긋한 휴식을 즐기자. 일주일 중 하루는 공부와 무관한 날이 필요하기 때문이다. 책을 펼친다 해도 독서 정도여야 한다. 주말에도 학원 보충수업 등으로 바쁘게 보내면 뇌가 정리 작용을 해내지 못해 지치고, 몸도 이미 지쳐서 월요일의 학교 수업에 적극성이 떨어진다.

일요일엔 완전히 쉰다는 원칙은 고3까지 이어져야 한다. 이 습관이 몸에 익은 아이들은 하루를 온전히 놀기 위해 토요일까지 해야 할 공부를 모두 마치려고 애를 쓴다. 그러니 '아이가 한 시간이라도 공부를 해야 하지 않을까' 전전긍긍하는 모습을 보이지 말자. 공부하는 법만큼이나 쉬는 법을 알려주는 것도 중요하다.

공휴일은 주말과 비슷하게

개교기념일, 재량휴일, 법정공휴일 등 갑자기 주어지는 쉬는 날은 누구에게나 선물 같은 날이다. 공휴일은 규칙적으로 생기는 시간이 아니라서 공부 계획을 세우기는 어렵지만, 기본적으로 주말과 비슷하게 보내면 된다. 빠뜨린 복습이나 공부를 보충하고 남는 시간은 자유롭게 쓰면 되는 것이다. 체험활동이나 수행평가 과제를 하는 것도 좋다.

주말에 볼 TV 프로그램을 미리 정해두자

중학교 1학년 담임을 맡고 있는 교사입니다. 우리 반은 금요일마다 'TV 시청 계획표'를 써요. 주말에는 음악·예능 프로그램들이 연이어 방송되어서 아이들이 온종일 텔레비전 앞에서 빈둥빈둥 시간을 보내는 일이 빈번하잖아요. 주말 동안 내가 어떤 프로그램을 볼 것인지 미리 생각해보자는 취지로 시작했는데 효과가 매우 좋아서 해마다 실천하고 있습니다.

아이들은 스스로 작성한 계획표에 제대로 계획을 실천했는지를 부모님의 확인을 받아서 월요일에 제출해요. 지키지 못했다면 계획표보다 더 많이 본 프로그램 이름과 시청 시간을 적어야 하고요. 강제성도 없고 점수가 깎이는 것도 아니지만 아이들이 잘 따라옵니다. 무엇이든 잘 지키는 초등학교 때의 습성이 남아 있어서 그런 것 같아요. 2학년과 3학년에게 시키면 대충 무시하는 아이들이 많거든요.

이렇게 1년을 보낸 아이들은 텔레비전을 볼 때 시간을 의식하고 조금이라도 절제를 해요. 2학년, 3학년이 되어도 그대로 지킨다는 아이들이 많고요. 부모님들도 매우 좋아하십니다.

| TV 시청 계획표 양식 |

프로그램 이름	방송 예정 날짜, 시간	실제 시청 날짜, 시간	지키지 못했다면 그 이유는?	부모님 확인

16

스스로 학습 계획을
작성하자

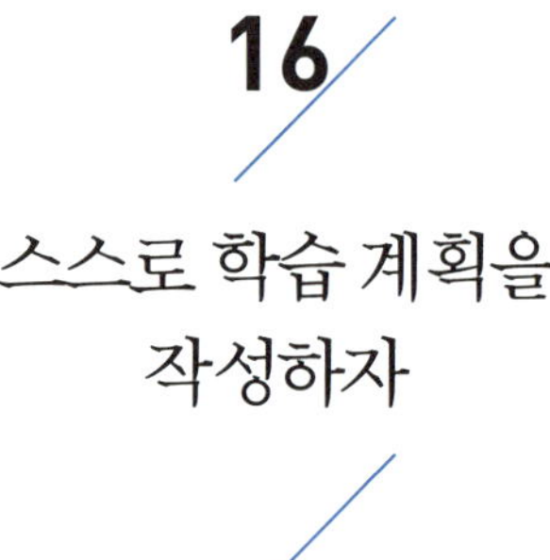

초등학교 시절, 도화지에 커다란 동그라미를 그리고 그 안을 여러 개의 부채꼴 모양으로 나누어 일일 시간표를 만든 경험이 누구에게나 있을 것이다. 그런데 이상하게도 동그라미 시간표를 제대로 실천한 적이 별로 없다. 왜 그럴까? 그러한 시간표가 나오게 된 근거를 스스로도 알지 못하기 때문이다. 공부 계획을 세울 때는 시간 배분을 생각하기 전에 먼저 무엇을, 왜, 어떻게 공부할지를 먼저 생각해야 한다.

무엇을 공부할까?

학습 계획은 무엇을 공부할지 정하는 것부터 시작된다. 미리 정해두지 않고 시간이 날 때마다 손에 잡히는 대로 아무거나 공부하면 늘 열심히 하는 것처럼은 보이지만 전략적으로 시간을 활용했다고는 볼 수 없다.

무엇을 공부할지를 정할 때는 부족한 부분을 보완하기 위한 공부, 이미 배운 것을 심화하기 위한 공부, 교과과정과 상관없지만 스스로 하고 싶은 공부 등을 떠올려볼 수 있는데, 스스로 선행학습을 한다면 '기본 개념을 이해하고 간단한 문제를 풀 수 있을 정도'처럼 자기만의 학습 수준을 정해두는 것이 좋다.

어떻게 공부할까?

무엇을 공부할지를 정하고 나면 공부할 교재와 공부 방법을 정해야 한다. 학습 계획을 세우는 절차 중 가장 시간이 많이 걸리고 생각을 많이 해야 하는 단계다. '교과서를 한번 훑어본 후 문제집의 기본문제를 푼다'거나, '인터넷 강의로 개념 설명만 듣고 스스로 문제를 푼 뒤 문제 풀이 강의를 듣는다'와 같이 공부의 순서와 방법, 교재 등을 정한다.

이때 주의할 점은 아이가 하고자 하는 공부에 가장 효과가 좋은 방법을 택해야 한다는 것이다. 개념을 이해한 후 문제를 푸는 것이 일반적인 순서지만 아이가 다양한 문제를 풀어서 응용력을 높이고자 한다면 문제를 먼저 풀고 헷갈리는 사항만 요약 정리를 참고할 수도 있다. 공부 방법은 실천하는 데 부담이 없어야 하므로 아이의 성격이나 학습 스타일을 고려하는 것이 중요하다.

언제 공부할까?

이제는 공부를 언제 얼마나 할지 정해야 하는데, 아이의 일과를 고려해서 시간 배분을 해야 한다. 주중에는 학교와 학원에 다니느라 시간이 많이 나지 않으니 하루에 1~2시간 정도면 충분하다. 주말이나 연휴 등 여유시간이 많을 때는 그 시간을 어떻게 쓸지 미리 정하자.

학습 시간을 배분하려면 각자에게 맞는 공부 시간 기준이 필요하다. 예를 들어 영어단어를 익히고자 한다면 아이가 평소 영어단어를 공부하는 데 걸리는 시간을 기준으로 삼는 것이다. 즉 영어단어 5개를 공부하는 데 15분이 걸린다면 영어단어 공부를 매일 30분씩 하면 10개 정도의 단어를 외울 수 있다는 작은 계획이 나온다. 이것을 몇 시에 실천할 것인지는 아이의 하루 일과에 따라 결정하면 된다.

쉬는 시간을 어떻게 사용할까?

아이들은 대부분 학습 계획을 세울 때 쉬는 시간을 고려하지 않고 공부 시간만 정하는데, 그것이 공부 계획의 실천율을 떨어뜨리는 원인이 된다.

아이가 일요일 저녁에 하는 TV 프로그램을 매우 좋아한다면 그 시간은 공부 시간에서 제외하는 것이 현명하다. 아이의 평소

생활을 고려하지 않은 채 인터넷, 텔레비전, 낮잠 등 휴식 시간을 계획에 포함하지 않으면 실현 가능성이 매우 낮아진다. 그러니 아이가 평소 즐겨보는 TV 프로그램이나 인터넷 이용 시간을 체크했다가 학습 계획을 세울 때 고려하자.

학습 계획은 계속 수정한다

애를 써서 세운 학습 계획도 직접 실천해보면 만만치 않다는 것을 곧 알게 된다. 계획대로 하지 못했다면 이유가 무엇인지 생각해보자. 단어를 외우는 데 계획한 시간보다 더 걸릴 수도 있고, 공부를 하기로 한 시간에 잠이 쏟아졌을 수도 있다. 실천하지 못한 계획에는 그 이유를 간단히 메모해두고, 같은 이유가 반복된다면 계획을 수정해야 한다.

반대로 큰 어려움 없이 실천한 공부는 그 분량을 조금씩 늘려보는 것도 좋다. 비슷한 학습 계획이 매주 반복되면 지루해질 수 있으니 요일별로 공부하는 과목을 달리하는 것도 도움이 된다.

처음부터 학습 계획을 완벽하게 실천할 수 있는 사람은 없다. 계획대로 해보고 수정하고, 수정한 대로 실천해보고, 더 잘할 수 있는 방법을 찾아보는 시행착오를 즐겨야 한다. 사춘기 아이들은 계획대로 실천하지 못했을 때 감정이 상해버린다. 한 가지를 못했더라도 그다음 공부를 하면 될 텐데 "에이, 오늘은 망했어" 하며 그 뒤에 계획된 공부도 포기해버린다.

엄마의 역할이 빛을 발하는 순간은 학습 계획대로 안 되었을 때다. 공부를 못한 것에 대해 핑계나 비난거리를 찾지 말고 "괜찮아. 그럴 때도 있는 거지 뭐. 조금 있다가 다음 공부 하자" 하며 차분하게 대응하자. 아울러 실천하기 좋게 학습 계획을 수정하는 방법도 알려주어야 한다.

학습 계획의 실천 상황을 스스로 평가한다

주말에는 일주일 동안의 실천 상황을 점검하는 시간을 갖자. 수정이 많았던 사항은 다음 주 계획을 세울 때 반영하고, 전반적인 학습 태도도 스스로 평가해보아야 한다. 가족이 함께 하면 더욱 좋다.

| 학습 계획 실천 평가표 |

질문	답	이유
목표를 이루는 전 과정 중에서 무엇이 가장 불편했는가?		
계획 중 실천하기에 가장 불편했던 점은 무엇인가?		
필요없다고 생각되는 실천 항목은 무엇인가?		
어떤 과정을 추가해야 할 것 같은가?		
내가 생각해도 기특한 점은 무엇인가?		
나의 어떤 점을 가장 혼내고 싶은가?		
다음 학습 계획에서는 어떤 점을 주의해야 할 것인가?		
총평		

직장에서 일하는 어른들은 업무가 프로젝트 단위로 진행되는 경우가 많기 때문에 중·장기 계획을 세우고 그에 따라 월별, 주별, 일별 계획을 도출해낸다. 시간관리는 최초에 어른들의 성공 전략의 하나로 출발해 청소년에게까지 확대된 것이어서 그 원칙을 그대로 학습 계획에 적용하기에는 무리가 있다. 청소년들의 학습 계획은 1년 동안의 성과를 측정할 수 있는 시스템이 아니기 때문이다.

아이들은 학기별로 두 번씩 정기 시험으로 공부의 단위가 나뉘고 수행평가·경시대회 등 학교나 지역별, 개인별로 구체적인 목표들이 다르다. '프랭클린 플래너'의 개발자로 알려진 시간관리 전문가 하이럼 스미스 박사는 한국 청소년들과의 만남에서 "공부를 위한 시간관리 계획은 1년 단위로 짜서는 효과를 보기 어렵습니다. 날마다 계획한 목표를 이루면서 매일매일 승리의 기쁨을 맛보는 게 중요하죠"라고 했다.

1년 단위의 학습 계획이 늘 효과적인 것은 아니다. 대략의 공부 흐름과 방향을 정해두되 자신이 세운 작은 목표들을 하나씩 이룰 수 있도록 짧은 시간 단위로 계획을 세워 성공 경험을 늘려나가는 것이 좋다.

17

주간 학습 계획
예시

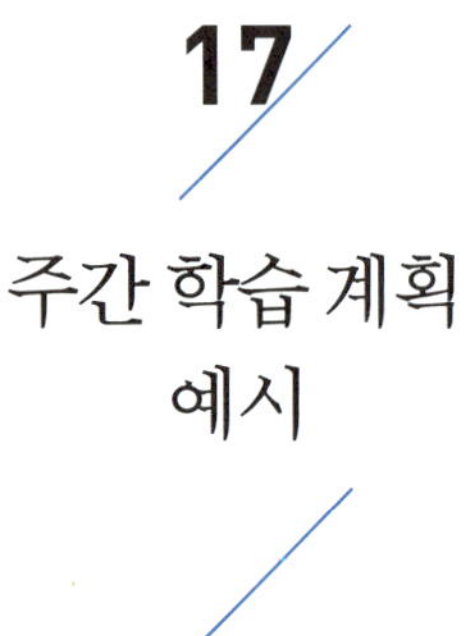

> 학습 계획은 일상생활을 바탕으로 작성해야 한다. 평소 보는 드라마 방영 시간, 늘 자던 시간, 식사 시간을 중심으로 틀을 잡고 거기에 공부를 하나씩 더해나가자. 완벽한 학습 계획이란 있을 수 없다. 매일 실천하고 수정하기를 반복하는 것만이 학습 계획을 유지하는 가장 좋은 방법이다.

주간 학습 계획, 일상생활 위에 세워야 한다

하교 후 휴식 및 숙제, 매일 복습, 추가 공부, 주말 시간 활용 등 앞서 이야기한 내용들을 일주일간의 생활 속에 반영해보면 오른쪽 표와 같은 모습이다. 공부의 기본원칙들이 어떻게 적용되는지 각 항목의 내용을 구체적으로 살펴보자.

단, 이 예시는 모범 사례로 참고하되 그대로 따라 하려 해서는 안 된다. 이 계획표는 수년간 실천하고 수정하기를 반복한 결과이지, 처음부터 이 상태는 아니었기 때문이다. 우리 아이의 학습 계획은 백지에 식사 시간과 취침 시간 정도만 표시한 상태에서 출발해야 한다.

시	분	일 10/24	월 10/18	화 10/19	수 10/20	목 10/21	금 10/22	토 10/23
16	:00~:30	⑥ 가족과 함께 전일 휴식	① 하교 후 간식 및 휴식					④ 주중 밀린 공부 및 자율 시간
	:30~:00							
17	:00~:30							
	:30~:00		② 과제, 복습(문제 풀이)					
18	:00~:30							
	:30~:00							⑦ TV 및 저녁 식사
19	:00~:30		저녁 식사					
	:30~:00		독서					
20	:00~:30		매일 공부 시작 전 10분 영단어 공부					
	:30~:00		③ 수학 심화	영어 심화	수학 심화	영어 심화	수학 심화	⑤ 영어 듣기
21	:00~:30							
	:30~:00							
22	:00~:30	독서	⑦ 드라마	독서				
	:30~:00							
23	:00~	취침						

❶ 하교 후 간식 및 휴식

학교에서 돌아오면 몸과 마음 모두 휴식이 필요하다. 옷을 갈아입고 간식을 먹는 등 자연스러운 휴식이 좋으며, 텔레비전을 보거나 게임을 하는 것은 한없이 시간을 빼앗고 몸을 축 처지게 할 수 있으니 삼가야 한다. 휴식 시간은 30~40분 정도면 적당하나, 매일 하교 시간이 차이가 있으니 요일과 상관없이 '5시까지 휴식' 이렇게 정해두어도 괜찮다. 아이의 성향이나 다른 형제들과의 시간 조절 등 각 가정에서 실천하기에 용이한 방법을 찾아 정하자.

❷ 과제, 복습(문제 풀이)

휴식이 끝나면 가장 먼저 숙제를 해야 한다. 검사일이 한참 남았더라도 받은 날 바로 끝내는 것을 원칙으로 한다. 하루에 끝낼 수 없는 숙제는 어떻게 숙제를 해나갈 것인지 대략적인 틀을 정하는 것까지 해두자.

숙제를 모두 마치면 그날 배운 부분을 복습한다. 숙제가 없는 날은 바로 복습을 시작하면 된다. 복습을 위해 주요 과목만이라도 교과서, 노트, 유인물 등 학교에서 수업한 자료들을 집에 가져와야 하며 문제집에서 오늘 배운 내용에 해당하는 문제를 골라 푼다. 문제를 풀면서 모르는 것은 교과서, 유인물, 노트를 참고해 풀고 틀린 문제를 다시 풀 때도 마찬가지로 교과서, 유인물, 노트를 참고한다(문제집의 요약 정리, 모범 해설은 되도록 보지 않는다). 이 과정을 통해 학교 수업 자료를 구석구석 복습하게 된다.

❸ 추가 공부

숙제를 미루지 않고 하는 습관과 매일 복습이 충분히 몸에 익었다면 다른 공부를 더 해도 좋다. 처음에는 30분 이내의 가벼운 분량으로 시작하고, 규칙적으로 실천할 수 있다면 분량을 조금씩 늘려가자. 매일 공부하는 것이 어렵다면 특정 요일을 정해서 해도 좋다.

앞서 소개한 학습 계획을 작성한 학생은 처음에는 수학 문제집 풀기로 시작했는데 매일 수학만 하는 것이 지겹기도 하고 영어 공부의 필요성이 생기기도 해서 격일로 영어 독해를 추가했다.

❹ 토요일 : 주중 밀린 공부 및 자유시간

주중에 밀린 복습이나 추가 공부가 있다면 그 주를 넘기지 말고 해결해야 한다. 토요일에 2~3시간 정도, 주중 못다 한 공부를 보충하는 데 쓰자. 특히 추가 공부는 보충의 수준을 넘어 주중의 공부를 몰아 하는 정도라면 주중 공부 분량을 줄이든지 추가 공부를 쉽게 하는 등 학습 계획을 수정해야 한다.

❺ 주말에만 하는 공부

토요일 오전에 밀린 공부를 모두 마치는 것이 몸에 익었다면 오후에는 주말에만 하는 공부를 정해보자. 꼭 교과 공부여야 할 필요는 없으며 주말에만 하는 운동, 악기 배우기도 좋다. 부모가 도움을 줄 수 있다면 수학, 역사 등 교과 관련 다큐멘터리나 명사 특강 등 유익한 동영상을 찾아두었다가 이 시간을 활용하게 하자.

주말 공부를 위한 교재는 얇은 것을 권한다. 아이들에게는 책을 한 권 뗐을 때의 성취감도 매우 중요하기 때문이다.

❻ 일요일 : 가족과 함께 전일 휴식

일요일에는 공부 계획이 없어야 한다. 외식, 사우나, 장보기, 세차, 산책 등 가족과 함께 시간을 보내며 소소로이 대화를 나누는 것도 사춘기 아이들에게 매우 중요하다. 주말 내내 학원 보충 수업이 있어 좀처럼 아이가 시간을 낼 수 없다면 학습 계획을 조정해주자.

❼ TV 시청 계획

TV는 많이 보는 것보다 생각 없이 이것저것 보는 것이 더 위험하다. 늘 챙겨보는 주말 예능 프로그램, 드라마가 있다면 처음부터 그 시간을 TV 시청 시간으로 정해놓자. TV를 못 보게 하는 것보다 시간을 의식하며 보게 하는 편이 훨씬 낫다.

111쪽 학습 계획에는 저녁 식사 후 30분 정도 독서하는 시간이 있다. 여기에는 특별한 이유가 있다. 식사 후 바로 공부를 하려니 잡념이 생기고 꼼지락거리는 등 집중이 되지 않는다는 문제가 있어 차분히 공부할 분위기를 만들고 두뇌와 눈을 다시 책으로 옮겨갈 중간 단계가 필요했던 것이다.

이때 읽는 책은 한번 펼치면 푹 빠져들 만큼 흥미로운 책이어야 한다. 이 학생은 만화책이나 추리소설을 주로 읽었는데 효과가 매우 좋았다. 자연스럽게 공부를 시작할 수 있었고, 독서 분량도 늘고, 독서의 재미까지 즐기며 학교에도 책을 들고 다닌다.

휴식 후 다시 공부를 시작할 때는 누구나 초기 집중이 어렵다. 음악을 듣거나 책을 읽는 등 아이에게 맞는 '공부 준비운동'을 찾아보자.

'시험용 공부'라는 것이 따로 있을 수 없으며, 평소에 꾸준히 복습하고 집중해서 수업을 듣는 것이 가장 완벽한 시험공부다. 그렇지만 같은 노력으로 시험에서 좀 더 좋은 성적을 거둘 수 있는 효율적인 공부법은 있다. 과목별 체크 포인트와 시험 후에 평소의 생활리듬으로 빨리 돌아가는 학습관리법, 시험지에 바로 하는 오답 복습법 등 시험 성적을 높이기 위한 전략을 소개한다.

Part 3

성적이 점점 좋아지는 중1표 시험 전략

18

시험공부는
언제부터 하나요?

시험 준비는 언제부터, 어떻게 하는 게 좋을까? 시험공부는 평소에 해온 공부를 반복하는 방식이 가장 좋다. 성적이 좋은 학생일수록 평소 하는 공부와 시험공부의 차이가 적은데, 평상시 학교 수업을 잘 듣고 집에 돌아와서 복습과 문제 풀이를 꾸준히 해왔다면 시험공부의 부담은 거의 없다. 시험 기간에는 긴장 분위기를 조성하는 등 아이가 '시험용 공부'를 따로 인식하지 않게 하는 것이 중요하다.

'시험용 공부' 와 평소 공부

시험공부에 대해 이야기를 하면 아이들은 제일 먼저 "시험공부를 언제부터 하는 것이 좋나요?"라고 묻는다. 그렇게 질문하는 것은 평소 공부와 시험공부를 다르게 생각하기 때문이다.

평소에는 학교와 학원을 그저 다니다가 시험이 다가오면 TV 시청을 줄이는 것은 기본이고 엄마 눈치를 보고 계획표 같은 것도 세워야 하니 뭔가 평소랑은 달라야 한다고 생각하는 것이다. 분위기상 그럴 수는 있겠다. 하지만 학습 내용 면에서는 전혀 그렇지 않다. '시험용 공부'라는 것이 따로 있을 수 없으며, 꾸준히 복습하거나 집중해서 수업을 듣는 등의 평소 공부가 가장 완벽한 시험 공부가 된다. 그러므로 시험이 가까워오자 "시험공부는 언제부터 해야 되요?"라고 묻는 학생은 이미 시험공부를 절반 이상 날려먹었다고 봐야 한다.

시험 2주 전, 시험공부 시작

이런 전제를 염두에 두고서도 굳이 시기를 이야기하면, 시험 2주 전이 시험공부를 시작하기에 적당하다. 학원 전단지나 공부 다이어리 같은 걸 보면 '3주 전 프로젝트', '4주 전 프로젝트' 이런 말들이 나오는데 말만 3주, 4주고 그 속을 들여다보면 결국 평소의 예습, 복습이 중심이다. 아이들을 붙잡아놓고 그날의 수업 내용을 쓰게 한다든지 주요 내용을 외우게 하는 식이다. 아이들이 체감하기에도 시험 3~4주 전은 시험에 대한 긴장감이 생기기 이른 시기다. 시험 범위도 정해지지 않았고 수업 진도도 얼마 나가지 않은 상태라 시험공부를 한다 해도 할 만한 게 없다.

아이들이 시험을 인지하기 시작하는 시기는 선생님이 수업 시간에 시험 범위를 언급한 뒤부터다. 선생님들도 서서히 시험에 대한 회의를 시작하고, 교무실 문에 '시험문제 출제 중 출입 금지' 안내문이 붙는 때이기도 하다. 이때가 바로 시험 2주 전이다.

평소 공부를 유지하자

시험 2주 전에는 교무실에 '시험문제 출제 기간 출입 통제' 안내문이 붙는다. 이 무렵 선생님들 머릿속은 온통 시험에 대한 생각뿐이기 때문에 이 기간에는 그 어느 때보다 수업에 집중해야 한다. 하교 후에도 배운 부분을 철저히 복습해 평소 공부가 그대로 시험공부가 될 수 있도록 하자.

밀린 복습이 많다면 추가 공부 시간을 활용하자

시험이 있다고 해서 평소 해오던 공부를 중단하는 것은 좋지 않다. 그러면 시험 후 다시 공부를 시작하기도 싫어지고 공부의 연결성이 떨어지기 때문이다. 무엇보다 아이들 마음속에 '원래 시험 때는 그렇게 하는 거야'라는 생각이 자리 잡으면 곤란하다. 시험 기간은 평소 하던 공부에 시험공부를 더하는 기간이지, 평소 하던 공부를 중단하고 시험공부를 하는 기간이 아니라는 점을 분명히 인식시키자. 그래도 밀린 복습이 많다면 어쩔 수 없이 추가 공부 시간을 희생해야 한다. 그렇더라도 추가 공부는 전혀 안 하는 것보다 분량을 줄여서라도 계속 이어나가는 것이 좋다.

기출문제를 점검하자

평가에 공정성을 기하고 학생들에게 도움을 주고자 지난 시험 문제를 공개하는 학교들이 있다. 학교 홈페이지에 올리거나 도서관에 비치하는데, 그런 경우에는 시험 대비가 훨씬 수월하다(저작권에 대한 논란의 여지가 있지만 인터넷에서 구입할 수도 있다). '기출문제는 모든 공부를 마친 후에 최종 점검을 위해 풀어야 하는 것 아닐까'라고 생각하는 아이들이 많은데, 기출문제는 시험공부를 시작하는 시점에서 보아야 한다. 기출문제를 기준으로 시험공부의 방향을 결정해야 하기 때문이다.

기출문제를 공부할 때는 '문제를 구경한다'는 마음으로 편안하게 훑어보면 된다. 그렇게 살펴보면서 과목별로 교과서를 펼쳐 기출문제가 나온 단원과 해당 내용, 도표, 그림 등에 표시한다. 이렇게 하다 보면 자연스럽게 어떤 단원이 중요하고 어떤 내용이 자주 출제되는지, 문제 유형은 어떤지를 알게 되어 공부 방향을 잡을 수 있다.

기출문제를 구하기 어렵다면 기출문제 점검 과정은 생략해도 좋다. 하지만 수능 시험이나 자격시험, 국가고시 등 이후에 아이들이 보게 될 많은 시험들은 기출문제를 활용한 공부가 매우 중요하므로 적당한 기회에 기출문제 활용법을 알려주자.

올백 문제집 꼭 살 필요 없다

시험이 다가오면 학교 앞 서점에는 '올백 문제집'이라는 게 깔린다. 시험용으로 공부하도록 교과서의 4분의 1에 해당하는 분량만큼 전 과목 문제집을 얇게 편집해서 묶어놓은 것인데, 그 묶음 포장에 학교 이름까지 붙여놓으니 그 학교 학생이라면 눈길이 안 갈 수가 없다. 아이들도 으레 시험 기간이 되면 그 문제집을 산다. 포장을 뜯고 과목별로 제본된 문제집을 뜯으며 시험이 다가왔음을 실감하는 것이다.

하지만 실제 활용도는 그리 크지 않다. 시험 범위가 꼭 일치하지도 않거니와 특히 집중이수제로 타 학년 내용도 시험을 보는 과목, 교과서 앞뒤를 오가며 수업한 과목, 선생님이 주시는 유인물로 교과서를 대체하는 과목은 더욱 그렇다. 학교별 기출문제를 조금 더 실었다는 이유로 학교 이름을 붙여놓은 것인데 기대만큼 문제 수가 충분하지도 않고 그나마도 시험 범위가 맞지 않으면 무용지물이다.

올백 문제집이든 무엇이든 시험이라고 해서 특별히 책을 사는 것은 의미가 없다. 평소 풀던 문제집을 반복해서 푸는 것이 좋으며, 한 권으로 부족하다면 평소 푸는 문제집을 두 권으로 늘리는 것이 훨씬 낫다.

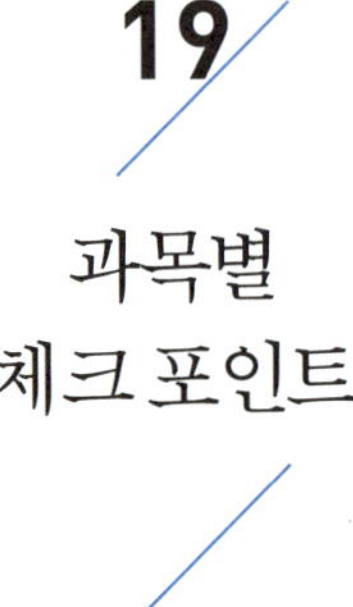

19

과목별
체크 포인트

시험이 다가오면 아이들은 허둥댄다. 그럴 때 뿅 나타나 과목별로 빠뜨리지 말아야 할 공부를 차분히 챙겨주는 공부요정이 있다면 얼마나 좋을까? 하지만 아이가 나름의 방법으로 잘하고 있다면 불완전해 보이더라도 그대로 두자. 스스로 겪는 시행착오에서 가장 많은 것을 배우기 때문이다. 어떤 과목을 어떻게 공부해야 할지 전혀 감을 잡지 못하고 있다면 엄마가 공부요정이 되어주자.

공통 | 단원별 학습 목표를 확인한다

학교에서 치르는 모든 시험은 학습 목표를 달성했는지 여부를 측정하는 것이 목적이다. 따라서 시험을 앞두고 가장 먼저 확인해야 할 사항은 단원별 학습 목표다.

예를 들어 '식물의 구조와 기능'에 속하는 소단원 '뿌리'에는 두 가지 학습 목표가 있다. 첫째는 '뿌리의 구조를 이해하고 물과 양분이 흡수되는 과정을 설명할 수 있다'이고, 둘째는 '식물의 생장에 필요한 원소를 나열할 수 있다'이다. 학습 목표로 미뤄볼 때 뿌리의 구조를 이해했는지(그림을 보고 뿌리 구조에 해당하는 명칭과 기능 알기), 물과 양분이 흡수되는 과정을 설명할 수 있는지(물과 양분이 흡수되는 과정의 차이 및 각각의 순서 알기), 식물의 생장에 필요한 원소를 나열할 수 있는지를 묻는 문제를 예상해볼 수 있다.

시험공부를 시작하는 무렵이라면 학습 목표에 해당하는 내용을 공부하도록 내용을 추려주고, 시험공부를 마무리하는 무렵이라면 학습 목표에 해당하는 내용을 아이가 직접 설명해보도록 하자.

국어 | 문법은 다양한 문제를 연습하고, 문학은 지문 전체를 읽는다

국어는 단원의 특성에 따라 공부 방법을 달리해야 한다. 보통 말하기/듣기, 읽기, 쓰기로 구분되는데 말하기/듣기는 평이한 내용이라 공부하기에 어렵지 않다. 읽기는 문학·수필·논설문 등 긴 지문이 나오는 파트고, 쓰기는 문법이다. 이 중 아이들이 어렵게 느끼는 부분은 문학과 문법이다.

문학은 지문이 길고 시험에 나올 만한 내용을 직접 전달하는 글이 아니어서 아이들은 무엇을 공부해야 할지 갈피를 못 잡는다. 그래서 다른 과목 공부하듯 밑줄 긋고 필기한 부분을 외우기만 하는데, 무엇보다 문학은 글 전체를 이해하는 것이 중요하다. 그러니 공부를 시작하기 전에 작품을 처음부터 끝까지 두세 번 읽게 하자. 읽으면서 문단의 순서와 맥락, 작품의 배경과 주제, 등장인물의 성격, 작품에서 중요한 역할을 하는 낱말이나 문장 등을 필기를 보지 않고 대략 떠올릴 수 있다면 성공이다.

문법은 헷갈리는 것투성이다. 일반적인 규칙, 예외 사항이나 변형, 바른 표현, 표준어 등 외워야 할 것들이 제법 등장한다. 교과서의 예제로는 부족하며, 다양한 문제를 통해 충분히 연습하는 것이 가장 좋다. 선생님 책상 위에 있는 문제집을 여러 권 빌려 문법 파트만 복사를 해서 봐도 좋고, 공부를 어느 정도 한 후라면 서점에 들러 이 책 저 책 문법 부분만 훑어봐도 된다.

영어 | 본문을 암기한다

영어를 전공한 교수님이나 영어권 국가에서 공부를 한 유학생들은 영어를 가장 빠르고 정확하게 공부할 수 있는 방법에 대해 '암기'라고 입을 모아 말한다. 30분 이상 영어로 외울 것이 없다면 30분 이상 영어로 말할 수도 없다는 것이다.

이 '진리'는 중학교 내신에서도 그대로 적용된다. 게다가 중학교 영어 교과서에는 가장 필수적이고 기본적인 영어문법과 단어, 숙어가 적용된 문장들이 가득하다. 수능 영어는 물론 토익, 토플, 텝스 등 아이들이 나중에 공부하게 될 영어 시험의 기반이 되는 문장들이니 중학교 3년 동안 교과서 본문의 모든 문장을 외우기로 다짐하자(엄마도 아이와 함께 외우기를 권한다). 평생의 영어 실력을 위해 꼭 실천해야 할 일이다.

시험을 앞두고 한꺼번에 외우는 것보다 평소에 복습 삼아 진도 나간 만큼 조금씩 외우는 게 가장 좋다. 읽어보고 써보고 말해보면서 각자 편한 방법으로 외우면 된다. 보통은 영어 문장만 보고 외우려 하는데, 우리말 해석을 보며 거꾸로 영작을 해보면 문장의 구조와 단어가 떠오르면서 자연스럽게 암기가 이루어진다. 전치사와 소유격, 복수형, 인칭 등 실수하기 쉬운 부분이 많으니 느리더라도 정확하게 외우도록 도와주자.

수학 | 취약 유형을 골라서 푼다

다른 과목들은 문제집 한 권도 제대로 없으면서 유독 수학만큼은 어느 집이나 여러 권의 문제집이 있다. 다니던 학원에서 쓰던 교재, 선행학습을 한다고 산 책, 인터넷 강의를 신청하고 받은 문제집 등 다 풀지 못하고 책장에 꽂힌 문제집들이 있을 테니 시험 때 활용하면 된다. 시험이 가까워오면 수학도 골라 풀기를 해야 하는데, 평소 자주 틀리거나 어려웠던 문제 유형만 골라 집중적으로 연습하면 좋다. 평소 복습용으로 푸는 문제집은 한 권으로 충분하며, 나머지 문제집은 취약 유형 문제만 골라서 푸는 용도로 사용하자.

사회, 과학, 도덕, 기술/가정 | 문제집의 오답에 설명을 적는다

사회, 과학 등 구체적으로 기억할 내용이 많은 과목은 문제집을 활용하는 것이 최선이다. 교과서만 읽어서는 요점이 무엇인지 알 수 없으니 문제를 보며 중요한 내용을 파악하고, 문제의 함정이나 객관식의 보기들을 통해 세부 사항을 반복하자.

그러기 위해서는 문제집에 담긴 '모든 내용'을 공부해야 한다(문제를 풀어 맞고 틀린 것은 중요하지 않다). 예를 들어 답이 5번이라면 보기 1번부터 4번까지는 왜 답이 될 수 없는지를 모두 써보는 것이다. 시험범위의 모든 문제를 이렇게 공부하면 중요한 내용, 자주 출제되는 내용, 헷갈리는 내용을 지겹도록 반복하게 된다. 같은 문제는 없어도 보기가 중복되는 경우는 많기 때문이다. 자연스럽게 이해와 암기가 되므로 암기를 싫어하는 학생들에게 특히 효과 만점이다.

주요 과목이 아닌 데다 중간고사 때는 시험을 보지 않으므로 아이들은 물론 부모들도 예체능 및 기타 과목을 우습게 여기는 경향이 있다. 하지만 그럴수록 성적을 엄격하게 관리해야 한다. 어려워서 못하는 것이 아니기 때문이다. 실기는 어쩔 수 없는 부분이라 해도 필기시험은 시간을 내고 마음만 먹으면 얼마든지 만점 가까운 점수를 받을 수 있다.

시험 전날 벼락치기로 공부해서도 안 되며 수업 시간에 한 번, 그날 오후에 복습하며 또 한 번, 시험 일주일 전 한 번, 시험 전날 한 번, 시험 날 아침 마지막으로 또 한 번은 보고 시험에 임해야 한다. 중요하지 않은 과목은 없으며, 무엇이든 나에게 주어진 공부는 최선을 다해야 함을 알려주자.

사실 기타 과목까지 이렇게 공부하려면 나머지 과목들의 공부가 탄탄하게 진행되어 있어야 한다. 주요 과목은 평소 열심히 하고 시험이 가까울수록 암기 과목, 기타 과목에 시간을 충분히 쓰도록 지도하자.

공부하는 동안 소리 내어 책을 읽고 공부한 내용을 설명을 해보는 등 입을 사용하면 집중이 잘되고 기억에도 오래 남는다. 친구에게 공부를 가르쳐주며 공부하는 것, 공부방에 칠판을 걸어두고 수업하듯 공부하는 것 모두 같은 원리다. 뇌가 그렇게 생겨먹었기 때문이다.

학교에서는 입을 다물고 받아들이기만 했으니 집에서는 시끄럽게 공부하도록 하자. 외운 내용을 중얼거려보거나, 풀이 과정을 설명해보면 말을 하는 동안 생각이 진행되어 학습 속도가 빨라진다.

20

시험 1주 전부터
시험 기간까지

시험을 일주일쯤 앞둔 즈음에는 대부분의 과목이 시험 범위에 맞추어 수업 진도가 마무리된다. 이 기간에는 추가 문제 풀이와 다시 볼 것 체크 등 시험 범위 전체를 아우르는 공부가 필요하다. 시험 기간에는 꼭 필요한 최소한의 공부만 하면서 여유 있게 보내야 한다. 비효율적인 벼락치기로 낮잠과 밤샘 등 악순환이 이어지지 않도록 시간관리에 유의하자.

시험 1주 전, 추가 문제 풀이

시험 1주 전은 시험공부에 살을 찌우는 기간이다. 부족한 부분은 보완하고 중요한 내용은 심화문제를 풀면서 깊이 있는 공부를 해야 한다. 집중적인 암기를 해야 하는 기간이기도 하다. 자세한 방법은 다음과 같다.

● 지식 응용 연습(문제 풀이 추가) : 평소 공부를 충실히 해서 시험 범위의 문제를 다 풀었다면 기존의 문제집과 다른 출판사에서 나온 문제집을 한 권 더 사서 풀자. 다양한 문제를 풀어보면서 수업 내용이 어떻게 응용되는지 완벽하게 파악하기 위해서다. 특히 암기과목은 문제를 통해 이해가 깊어지므로 내용을 기억하는 데 도움이 된다. 분량이 많은 국어는 자신 없는 단원만 골라서 풀어도 충분하며, 수학도 취약한 유형의 문제만 골라 풀면 된다. 새 문제집을 구입하는 게 부담스럽다면 친구나 선생님에게 빌려 보아도 좋다.

● 시험 전일에 다시 볼 것 체크 : 시험 기간에는 반나절 동안 2~3과목을 정리해야 하기 때문에 시험 1주 전에는 시험 기간의 공부를 준비해야 한다. 시험 전일에 다시 볼 것을 미리 정해두어야 하는 것이다. 헷갈리는 문제나 다시 한 번 외워두어야 할 것 등은 눈에 잘 띄도록 표시하여 시험 전날 지체 없이 공부할 수 있도록 하자.

● 2일 전부터는 시험 첫날 과목 공부 : 시험 첫날의 성과는 이후 시험에도 영향을 미친다. 벼락치기로 쫓기듯 공부해 허둥지둥 첫날 시험을 치르고 나면 나머지 과목들도 학습 의욕이 생기지 않기 때문이다. 따라서 첫날 과목은 충분히 공부를 하고 안정적으로 시험을 치를 필요가 있다. 시험 2일 전부터는 첫날 과목에 집중하

자. 시험 1주 전의 7일 중 5일 동안 나머지 과목을 정리하고 2일은 첫날 과목을 공부하면 된다. 예를 들어 시험 기간이 4월 30일에서 5월 2일까지라면 4월 28일과 29일은 시험 첫날 보는 과목 공부에만 전념한다.

시험 2주 전과 마찬가지로 시험 1주 전에도 방과 후의 추가 공부 시간을 시험공부에 활용한다. 시험이 다가올수록 학교에서 자습시간도 많아지므로 공부 시간 확보는 훨씬 수월해진다. 아이가 무엇을 공부해야 할지 명확히 인지하고 있다면 시간이 부족해서 공부를 못하는 경우는 없다.

시험 기간, 최종 점검하기

시험 기간의 공부 효율은 이전 단계의 공부를 어떻게 쌓아왔느냐에 따라 결정된다. 그동안 본 교과서, 유인물, 노트, 문제집을 다시 훑어보고 시험 날 아침과 쉬는 시간에 확인할 내용을 정리하는 것으로 모든 시험공부가 마무리된다.

자세한 방법은 이렇다.

● 1단계부터 해온 공부를 빠르게 반복 : 교과서와 유인물, 노트는 그동안 복습이나 문제 풀이를 하면서 많이 봤을 테니 1시간 정도면 훑어볼 수 있다. 그 자료들에는 이미 공부하며 덧붙여진

필기와 수업 중 선생님이 강조하신 내용들이 표시되어 있을 것이므로 훑어보기만 해도 질 높은 반복 학습을 할 수 있다. 풀었던 문제집도 다시 한 번 보아야 한다. 미처 다 못 푼 문제를 푸느라고 시간을 소비하는 것보다 이미 푼 문제들 중 틀렸던 것과 헷갈렸던 문제들을 다시 보는 것이 더 효과적이다. 이때 빠뜨리지 말아야 할 것이 시험 1주 전에 공부하며 표시해둔 '시험 전날 다시 볼 것'들이다. 이렇게 해야 시험 전날 '내가 의도한 공부를 마무리했다'는 안정감이 생긴다.

● 시험 당일 다시 볼 것 체크 : 시험 1주 전에 시험 전날 볼 것을 미리 정했다면, 시험 전날에는 시험 직전에 무엇을 볼 것인지 정해야 한다. 그래야 시험 당일 아침, 시험 직전 쉬는 시간 마지막 순간까지 알차게 공부할 수 있다. 이것이 준비되어 있지 않으면 이전 시험의 답을 맞혀보거나 이 책 저 책 뒤적이다 시간만 허비하는 등 불안함 속에서 시험을 보게 된다.

● 낮잠은 금물 : 며칠에 걸쳐 시험을 보는 것이 익숙하지 않은 중1들은 시간관리에 실수가 많다. 시험 전날 늦게까지 공부를 하고 다음 날 시험을 보고 와서는 낮잠을 자버리는 것이다. 전날의 피로감과 시험 후 풀린 긴장, 오늘도 늦게까지 공부하면 된다는 자기합리화가 작용하는 것인데, 악순환이 될 뿐이다. 낮잠이 길어지면 낮 시간은 그냥 보내고 저녁 식사 이후에나 공부를 시작하게 된다. 또다시 취침이 늦어지고 공부 효율은 떨어진다. 낮잠이 필요하다면 책상에서 쏟아지는 잠을 피하는 정도로만 자고(20분을

넘기지 않는다), 누워서는 낮잠을 자지 않도록 하자.

다음 날 시험 과목이 두 과목이라면 저녁 식사 전에 한 과목, 저녁 식사 후에 한 과목 공부를 마치고, 다음 날 시험 과목이 세 과목이라면 저녁 식사 전에 두 과목, 저녁 식사 후에 한 과목을 공부하는 것이 적당하다.

시험 당일에는 가방이 가벼워야 한다. 내가 한 공부가 최고라는 자신감으로 암기가 필요하거나 끝까지 알쏭달쏭한 내용만 정리해 가지고 가도록 하자.

시험 보고 돌아온 아이에게 "수고했어" 쪽지 남겨요

중1 아이를 키우는 직장맘입니다. 아이가 혼자다 보니 아무도 없는 집에 혼자 들어가 혼자 밥을 먹게 하는 것이 늘 마음에 걸렸습니다. 게다가 시험 날은 일찍 끝나니 더 외로울 것 같다는 생각이 들었어요. 식탁에 점심밥을 챙겨놓고 쪽지를 남겼습니다.

'시험 보느라 수고했어. 결과야 어떻든 그동안 애쓰면서 공부한 것으로 충분해. 밥 먹고 냉장고에서 과일 꺼내 먹으렴. 사랑한다, 아들아.'

아이가 고맙다고 메시지를 보냈더군요. 교복도 벗지 않고 제가

퇴근할 때까지 공부를 하고 앉아 있었습니다. 그 이후로 시험 날
은 격려 쪽지를 남깁니다. 그게 좋아서일까요? 다른 아이들은 시
험 본 날이면 스트레스도 풀 겸 게임방에 들러 한 시간 정도 놀다
집에 들어가곤 하는데 우리 아이는 바로 집으로 와요. 낮잠이나
게임에 아이를 내몰지 않는 방법은 점수와 상관없이 토닥여주는
엄마의 품이라고 생각합니다.

21

실망스러운
첫 시험

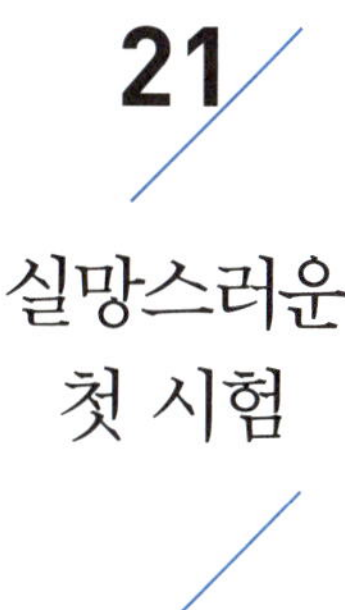

중1 엄마들이 첫 시험 결과에 실망하는 근본 원인은 초등학교에
서 받아온 너그러운 점수에 익숙하기 때문이다. 따라서 성적이
떨어졌다기보다는 처음 받아보는 숫자들(성적)이 생소하다고 보
아야 맞다. 첫 시험은 사교육의 영향도 많고 그것을 고려해 다
소 어렵게 내는 경향도 있으니 너무 신경 쓰지 말자. 앞으로 보
게 될 시험들의 기준점이라고만 생각해야 한다.

첫 시험은 원래 그렇다

중학교 입학 후 치른 첫 시험 성적에 만족하는 부모는 별로 없
다. 초등학생 때는 놀면서 조금만 공부해도 늘 90점이 넘던 아이
인지라 적어도 80점대 성적은 나올 줄 알았는데 70점, 60점, 심지

어 반 토막이 난 과목들도 있기 때문이다. 그동안 아이를 너무 놀게 했나 싶어 후회도 되고, 첫 시험이니 편하게 보라고 했더니 정말 아무 생각 없이 봤나 하는 생각도 든다.

하지만 첫 시험은 원래 그렇다. 옆집 뒷집 엄마들도 말을 안 해 그렇지, 속은 다 비슷한 상황이다. 선행학습으로 무장을 한 아이들이니 제 실력으로 본 시험이라 할 수도 없고, 선생님들도 그것을 감안해 마냥 쉽게 내지는 않기 때문이다. 적어도 2학기 기말고사 정도는 되어야 선행학습의 거품이 빠지고 수행평가와 평소의 공부 습관, 학원에서 배우지 않은 과목들의 점수까지 더해지면서 제 실력이 드러난다 할 수 있다.

그러니 성급하게 아이를 꾸짖거나 학원에 상담받으러 다닐 필요가 없다. 먼저 아이의 마음을 살피고 출제된 문제들을 보며 앞으로 어떤 마음가짐과 방법으로 공부해야 할지 방향을 제시해주자.

아이도 혼란스럽다

아이들은 부모의 마음을 따라간다. 부모가 실망을 하면 나도 실망을 하고, 부모가 괜찮다고 하면 나도 괜찮은 것이다. 따라서 첫 시험 성적을 받으면 제일 먼저 엄마의 눈치를 살핀다. '엄마가 뭐라고 할까?', '엄마한테 혼나겠다', '이 정도면 잘했다고 하겠지?' 같은 생각을 하면서…….

어린 시절에는 부모의 욕구를 따라가는 게 자연스러운 성장의 모습이지만 사춘기가 되면 그런 성장 방식에서 벗어나야 한다. 스스로 무엇을 느끼고 생각했는지가 중요하며, '엄마가 못했다고 하니 나도 못한 것 같다'고 생각해서는 곤란하다. 자기주도학습은 자신의 판단과 의지로 시작하는 것이기 때문이다.

그러니 시험 성적에 대해 이렇다 저렇다 평가하지 말고 편안한 분위기에서 "넌 어때? 이 정도면 괜찮은 거 같니? 아님, 맘에 안 들어?"처럼 열린 질문을 하자. 아이의 입에서 "좀 떨어질 거라고 생각은 했는데 수학 같은 건 너무 못 나와서 깜짝 놀랐어" 같은 대답이 나온다면 일단 성공이다. "몰라" 하고 심드렁하다면 떨어진 성적 때문에 이미 자존심이 상했거나 부모의 말투가 강압적이었다는 신호다.

첫 시험에 대한 기대, 호기심, 숫자 중심의 성적표…… 어른들도 혼란스러운데 아이들이라고 다를까. 아이들도 자신에 대한 실망과 중학교 공부에 대한 불안함을 어떻게 다스려야 할지 모르는 상태다. 그러니 '평소 받아본 적 없는 점수들이어서 생소한 것뿐이며, 첫 시험은 앞으로 공부해나갈 기준점이나 다름없으니 이제부터가 중요하다'고 말해주자. 이것은 아이에게 하는 말임과 동시에 부모 자신에게 하는 말이어야 한다.

시험문제를 살피자

첫 시험에서 얻어야 할 것은 앞으로 어떻게 공부해나가야 할지에 대한 방향이다. 시험을 대비해 아이가 어떻게 공부했는지 점검하고, 앞으로도 그렇게 공부를 해나가면 되는지, 아니면 다른 대책이 필요한지를 판단해야 한다. 그 힌트는 시험문제에서 얻을 수 있다. 엄마들은 '틀리지 않아도 될 것을 틀렸다', '충분히 맞힐 수 있었던 것들이다'라고 생각해 잔소리를 퍼붓고 싶겠지만 참아야 한다. 아이들의 사고력은 어른만큼 복합적이지 않기 때문이다.

시험문제를 살펴볼 때는 틀린 문제만이 아니라 문제 전체를 봐야 한다. 비교적 평이한 문제와 어려운 문제의 비율은 얼마나 되는지, 사고력을 필요로 하는 문제들이 많았는지, 과목별 출제 스타일 등을 눈여겨봐야 한다.

중1 아이들이 첫 시험에서 좌절하는 이유는 초등학교 때처럼 공부했기 때문이다. 교과서 한 번 읽고 문제집을 후딱 풀어서 맞힌 문제는 넘어가고 틀린 문제는 다시 풀어 세모 표시를 하면 끝나는 공부 말이다. 이렇게 공부하면 일차원적인 기본문제는 맞히겠지만 교과서에 없는 예를 든다거나 교과서에 나온 용어와 뜻만 같은 다른 단어를 쓰면 틀린 답이라고 생각해버린다. 같은 내용을 반복적으로 보며 생각을 확장하는 공부를 하지 않으면 첫 시험과 같은 충격이 시험 볼 때마다 반복될 수밖에 없다.

그러니 아이에게 공부의 질을 높여야 한다는 점을 알려주자. 예습과 복습 같은 평소 공부가 중요하며, 숙제든 수행평가든 그 속에 배울 것이 있으니 무엇이든 최선을 다해야 한다고도 이야기해주자. 시험 때 바짝 문제집을 풀어 점수 따던 시절은 끝났다고 말이다.

공부 리듬을 찾는 데 1년 걸렸어요

큰아이가 중학교에 입학해서 처음 받아온 성적은 대부분 60~70점 대이고 수학은 50점대였습니다. 수학 공부를 제일 열심히 시켰는데, 정말 충격이었어요. 그래서 기말고사 때는 시험공부에 더욱 열을 올렸습니다. 아이와 싸우기도 엄청 싸웠고요. 그래도 포기할 수 없어서 수학은 문제집을 세 권이나 풀게 했습니다. 그랬는데도 중간고사 때랑 성적은 비슷하더라고요. 내가 붙들고 시켜도 이것밖에 못하는데 학원 보내면 더 안 할 것 같아 학원은 꿈도 안 꿨습니다. 아이도 학원 가는 건 싫어했고요.

여름방학이 되면서 저도 지치고 아이도 말을 안 듣고 해서 알아서 하라고 소리를 지르고는 더 이상 아이 공부를 봐주지 않았습니다. 2학기 중간고사는 기대도 안 했지요. 혼자 뭘 하는 것 같긴 했지만 또 아이와 싸우고 상처를 줄까 봐 더는 관여하지 않았습니다.

그런데 오히려 성적이 조금 올랐어요. 2학기 기말고사는 89점을 받았습니다. 반에서 세 번째로 잘한 점수였습니다. 아이 말을 들으니 엄마가 시켜서 할 때는 그냥 숙제하듯 문제를 풀었는데 엄마 없이 혼자 공부하려니까 잘 모르기도 하고 잔소리하는 사람이 없어 조금씩 천천히 풀게 됐대요. 그렇게 한 공부가 아이 실력으로 쌓인 모양입니다. 엄마 욕심에 무조건 문제를 많이 풀라고만

했던 게 미련한 방법이었던 거죠.

아이가 스스로 공부 리듬을 찾는 데 1년이 걸린 거예요. 조금 더 일찍 아이와 공부 방법에 대해 이야기를 나누고 도와줬더라면 성적을 회복하는 시기가 당겨졌을 텐데, 아쉽고 미안한 마음입니다.

22

시험 후
학습 관리

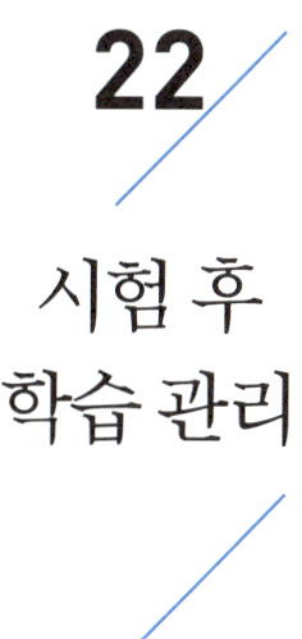

시험은 정기적으로 공부 상태를 점검하는 과정에 불과하다는 사실을 엄마가 먼저 받아들여야 한다. 따라서 시험이 끝난 후에도 시험 기간 동안 못다 한 공부를 마저 하고 평균 이하의 과목은 보충 공부를 하는 등의 학습관리가 필요하다. 시험 후 노는 기간이 길어져서는 안 되며, 평소 공부로 빨리 돌아와야 한다.

다 하지 못한 시험공부는 마저 한다

시험공부를 하며 아이들 마음속에 '시험을 위해 공부한다'는 생각이 강해져서는 안 된다. 시험은 1년 동안 배운 내용을 한 학기에 두 번씩 총 네 번에 걸쳐 점검하는 과정이기 때문이다. 시험을 보기 전에 시험 범위의 모든 내용을 완전히 공부하면 좋겠지만 만일 그러지 못했다면 시험이 끝난 후라도 공부를 마무리해야 한다. 설사 점수가 높게 나왔어도 마음에 걸리는 부분이 있다면 펼쳐서 공부를 완성해야 한다. 다 풀지 못한 문제집을 풀고, 다 외우지 못한 영어 본문을 외우며, 마지막에 다시 보기로 해놓고 보지 못한 유인물을 보는 것이다.

시험공부를 하며 무엇을 다 하지 못했는지 스스로 알고 있을 테니 이 공부는 시험이 끝난 날 바로 하는 것이 좋다. 이 공부까지 끝나야 비로소 진짜 시험이 끝난 것이며, 그 이후에 자유롭게 놀면 된다. 늦더라도 스스로와의 약속은 지켜야 한다. 그것만큼 훌륭한 노력은 없다. 중1에게 점수보다 중요한 것은 이러한 학습 태도다.

시험 끝나고 남들은 놀 생각밖에 없을 때, 놀기만 해도 아무도 뭐라 하는 사람이 없을 때가 시험이 끝난 직후다. 그때 부족한 부분을 찾아 스스로 공부를 하는 것이야말로 '남들보다 더 하는 공부', '남들 놀 때 놀지 않고 하는 공부'다. 무조건 남들보다 잠을 덜 자거나 남들보다 텔레비전을 덜 보는 것은 의미가 없다. 내 공부에 충실할 때 자연스럽게 남들보다 많은 공부를 하게 됨을 알려주자.

이것이 가능하려면 아이들 내면에 자율성이 자리 잡고 있어야 한다. 평소 학원이나 엄마가 시키는 대로만 공부한 아이들은 자신에게 필요한 공부가 무엇인지 판단하지 못한다.

평균 이하의 과목은 시험 범위 전체를 다시 공부한다

요즘 성적표는 등수가 표시되지 않아 엄마들이 보기에는 중요한 뭔가가 하나 빠진 것 같을 것이다. 그래도 가장 먼저 눈여겨봐야 할 것은 과목별 평균 점수다. 평균에 미치지 못하는 과목이 있다면 시험 범위 전체를 다시 공부하게 하자. 아마 공부를 전혀 안 했거나 시험 직전에 대충 살펴본 과목일 텐데, 주요 과목이 아니라도 다시 공부해야 한다. 교육과정이 요구하는 최소한의 수준은 갖추고 넘어가야 하기 때문이다.

시험이 끝난 직후의 수업 시간에는 답을 맞히거나 체험학습을 하는 등 수업 진도를 바로 나가지 않으므로 여유가 있다. 따라서 하교 후 복습 시간을 활용해 못 다 한 공부를 하면 따로 시간을 내지 않아도 된다. 시험 범위 전체라 해도 시험 전처럼 부담이 없으니 오히려 공부가 더 잘된다. 또한 시험문제를 이미 알고 공부하기 때문에 중요한 내용만 골라가며 공부할 수 있어서 편하다. 아이들은 생각보다 쉽게 끝나는 시험공부에 "이렇게 하면 되는 건데 왜 안 했지? 다음에는 공부해야지"라는 반응을 보인다.

빨리 평소 공부로 돌아온다

건강한 공부는 평소 하는 공부와 시험 기간에 하는 공부의 차이가 크지 않은 공부다. 즉 평소 공부를 든든히 해두면 시험이라고 유난을 떨 필요가 없다. 그러니 공부 잘하는 아이들이 평소에는 "넌 만날 공부만 하느냐?"라는 핀잔을 듣고, 시험 때는 "넌 만날 노는데 어떻게 성적이 잘 나와?" 하는 핀잔을 듣는 것이다. 평소에 놀고 시험 때 몰아쳐 공부하는 아이들이 볼 때는 상대적으로 그렇게 보이기 때문이다.

시험 결과가 어떻든 평소의 생활 리듬, 평소의 공부 모드로 얼른 돌아와야 한다. 숙제가 생기면 바로 그날 하고, 수업 시간에 배운 만큼 그날 복습을 해야 한다. 시험이 끝나고 쉬는 것은 그 주 주말까지가 적당하며, 월요일부터는 다시 학습 계획에 따라 공부를 해야 한다. 그렇게 하지 않으면 시험 후 풀어진 긴장감이 다음 시험 벼락치기까지 이어질 수 있다. 특히 중간고사는 날씨도 좋고 행사도 많은 봄가을에 있으므로 특별히 신경 써주어야 한다.

시험 후 필수 점검 사항

내 공부의 주인이 되기 위해서는 시험점수보다 스스로 평가한 내용에 더 민감해야 한다. 시험이 끝나고 성적표가 나오기 전에 자신의 공부 과정을 점검할 수 있도록 하자. 이전보다 나아진 점은 무엇인지, 고쳐야 할 점은 무엇인지, 다음 시험에 반영할 내용은 무엇인지 등 시험 기간의 공부를 되돌아보는 시간을 갖자.

오른쪽 표를 참고하되 적어보라고 던져주는 것은 의미가 없으며,

질문사항에 대해 엄마와 이야기를 나누는 것이 가장 좋다. 그 내용을 간단히 메모해 잘 보관해두었다가 다음 시험을 준비할 때 다시 읽어보면 큰 도움이 된다. 시험을 부정적으로만 인식하지 않고 시험을 통해 배우고 성장한다는 경험을 하도록 도와주자.

● 시험 후 필수 점검 사항

이름 :
시험공부하던 상황을 떠올리며 구체적으로 기록하십시오.

1-1. 예상보다 높은 점수를 받은 과목은 무엇입니까? 그 이유는?
　　　과목 :
　　　이유 :

1-2 예상보다 낮은 점수를 받은 과목은 무엇입니까? 그 이유는?
　　　과목 :
　　　이유 :

2-1. 점수와 무관하게 공부 과정만을 평가한다면 가장 안정감 있게 공부한 과목은 무엇입니까? 어떤 점이 좋았나요?
　　　과목 :
　　　좋았던 점 :

2-2. 점수와 무관하게 공부 과정만을 평가한다면 가장 불안했던 과목은 무엇입니까? 어떤 점이 부족했나요?
　　　과목 :
　　　부족했던 점 :

3. 이번 시험 기간 나의 공부 모습 중 지난 시험 기간보다 나아졌다고 느낀 점이 있다면?(예: 공부 계획, 암기력, 공부하려는 마음 등)

4. 나의 공부 모습 중 이런 건 고쳐야겠다고 생각한 점은 무엇입니까?

5. 다음 시험공부 때 반영할 점은 무엇입니까? 시간관리, 과목별 공부 전략, 학습 태도 등 구체적으로 기록하세요.

23

시험지에 바로 하는
오답 복습

초등학교 때까지 오답 노트 작성을 숙제로만 해온 아이들은 스스로 오답 노트를 만들지 않는다. 하지만 시험 후 오답 복습은 숙제 여부와 상관없이 반드시 해야 한다. 숙제가 아니니 노트에 정리할 필요도 없고, 틀린 문제만 한다는 고정관념에서도 자유로울 수 있다. 복습할 문제를 직접 고르고 틀린 이유와 해설을 생각해보게 하자. 오답 복습은 나에게 도움이 되는 공부라는 것을 경험케 하자.

시간 절약, 효과는 두 배

오답 노트의 효과를 제대로 보려면 '노트'라는 형식에 얽매이지 않아야 한다. 사실 노트에 오답 복습을 하면 그림, 사진이 있는 문제와 제시문이 긴 문제들을 옮겨 적기가 곤란하다. 생략하자니 공부가 제대로 되지 않고, 복사해서 붙이자니 오려 붙이는 데 시간을 다 쓴다.

오답 복습을 하기에 가장 적합한 것은 시험지다. 시험지에 바로 오답 복습을 하면 문제를 옮겨 적을 필요도 없고 복사해서 오려 붙일 필요도 없다. 게다가 내가 시험을 보며 끄적인 고민의 흔적이 남아 있으니 훨씬 효과적이다.

초등학교와 중학교 시험의 가장 큰 차이가 바로 이것이다. 초등학교는 시험지를 다시 나누어 주지 않지만 중학교는 답안지만 걷어 가고 시험지는 그대로 남는다. 그러니 시험지에 바로 오답 복습을 할 수 있는 것이다.

점수와 상관없이 복습할 문제를 표시하자

학생들은 오답 노트 쓰는 것을 정말 싫어한다. 이유는 두 가지다. 하나는 이미 푼 문제를 또 봐야 하니 귀찮고, 또 다른 이유는 해도 뭐가 좋은지 모르기 때문이다. 귀찮은 거야 어떻게든 다그칠 수 있지만, 해도 뭐가 좋은지 모르겠다는 경우에는 부모가 설득하기 쉽지 않다.

사실 고학년만 되어도 아이들은 오답 노트를 '막노동'으로 여긴다. '틀린 문제 다시 쓰기'로만 오답 노트 숙제를 해온 아이들은 백점 맞은 시험에서는 오답 복습을 할 게 없는 줄 안다. 하지만 오답 복습은 점수를 기준으로 하는 게 아니다. 오답 복습은 시험 문제를 통해 드러난 나의 약점을 보완하는 것이므로 꼭 틀린 문제에 한정할 필요가 없는 것이다.

시험이 끝나면 맞고 틀린 것과 상관없이 스스로 복습이 필요한 문제에 별표를 치게 하자. 찍어서 맞힌 문제, 헷갈리다 틀리거나 맞힌 문제, 끝까지 자신이 없었던 문제들이 모두 포함된다. 반대로, 단순히 실수로 틀린 문제(3번이라고 생각했는데 체크를 4번에 한 경우, 54라고 계산했으면서 답에는 45라고 적은 경우 등)는 오답 복습에서 제외한다. 이렇게 문제를 살피다 보면 스스로 어떤 실수를 했고 무엇을 몰랐는지 점검할 수 있다. 오답 복습의 필요성을 느꼈으니 귀찮다는 투정도 줄어든다.

숙제로 오답 노트를 해야 하는 경우에는 '틀린 문제 다시 공부하기'가 원칙이다. 하지만 스스로 하는 오답 복습에서는 정답을 맞혔어도 확실히 모르면 복습의 대상이 된다. 숙제의 경우는 이 두 가지가 합쳐진다. 즉 숙제의 규칙대로 틀린 문제 전부(실수로 틀린 문제도 포함)와, 맞힌 문제 중에 복습이 필요한 문제까지 모두 해야 한다. 다른 친구들은 맞힌 문제는 거들떠도 안 본다. 찍어서 맞혔으면서도 다시 볼 생각을 안 한다. 하지만 제대로 된 공부는 양심이 기본이다. 안 해도 혼나지 않지만 스스로 필요하다고 생각해서 더 하는 공부, 이것이 능동적인 공부이며 공부의 주인이 되는 방법이다. 그리고 자연스럽게 '남들보다 많이 하는 공부'를 실천하게 된다.

틀린 이유와 스스로 하는 해설

오답 노트를 작성하는 목적은 틀린 문제를 통해 자신의 취약점을 발견하고 그것을 공부하여 실력을 높이는 것이다. 따라서 틀린 문제를 단지 써보거나 다시 풀어보는 것만으로는 효과를 볼 수 없으며, 틀린 문제 속에 숨겨진 나의 취약점을 찾아보고 그것을 보완하려는 공부를 해야 오답 노트의 효과를 톡톡히 볼 수 있다. 그러려면 오답 노트에는 '이 문제를 틀린 이유'와 '그 이유에 대한 해설'이 담겨야 한다. 당연히 모범해설에는 나와 있지 않은 내용이다. 그래서 같은 문제를 틀렸더라도 오답 복습한 내용은 아이마다 달라야 한다.

복습할 문제를 표시했으면 먼저 '이 문제를 틀린 이유'를 생각하자. 그 문제를 풀 때 헷갈렸던 부분, 시간을 오래 끌었던 이유를 떠올리면 된다. 아리송한 부분이 문제나 보기에 있으면 색연필이나 형광펜으로 표시하고, 그렇지 않으면 틀린 이유를 간단히 여백에 적는다. '대입하는 공식을 헷갈렸다' 식으로 말이다.

해설은 바로 틀린 이유에 대한 설명이다. 나의 취약점을 보강하기 위한 해설이니 문제 전체를 잘 풀기 위한 모범해설은 필요 없으며, 내가 잘 몰랐던 부분에 대해서만 나에게 가르치듯 해설을 적으면 된다.

그렇게 오답 복습은 내가 문제점을 찾고 내가 그 문제를 해결하는 과정이다. 틀린 이유는 번호 옆 여백에, 해설은 문제 아래쪽 여백에 적으면 된다. 해설을 적을 여백이 부족하다면 포스트잇을 활용하자.

OMR 카드 작성을 연습하자

시험지에 바로 답을 적어서 내던 초등학교 때와 달리 중학교 시험은 OMR 카드에 답을 체크하고, 주관식 답은 답안지에 따로 낸다. 중1 아이들은 여기에서도 실수가 많다. 하나를 빼먹고 체크하거나 뒷장의 문제는 아예 체크하지 않거나 시험지와 다르게 체크하는 경우 등 실수의 유형도 다양하다. 선생님들이 특별히 주의를 주고 어떤 학교에서는 OMR 카드 쓰는 연습도 시키지만 어쩔 수 없다. 특히 문제만 푸는데도 시간이 빠듯한 수학 시험에서 실수가 많다.

마킹 실수로 점수가 뚝 떨어지는 경험을 몇 번 하다 보면 아이들은 자연스럽게 '실수도 실력'이라는 걸 금방 깨우친다. 시험 보는 방법에 적응하면 실수도 잦아들지만 집에서 미리 연습을 한다면 초반 실수를 줄일 수 있다.

인터넷을 뒤지면 OMR 카드 양식을 다운받을 수 있다. 연습용을 따로 팔기도 하니 평소 문제집을 풀 때 활용해보자. OMR 카드에 체크를 하면서 문제를 풀면 한 문제 한 문제 체크하는 것이 편한지, 다 풀고 나서 한꺼번에 체크하는 것이 편한지 자신에게

맞는 카드 작성 요령을 자연스럽게 터득할 수 있고, OMR 카드

에 대한 불안감도 줄일 수 있다.

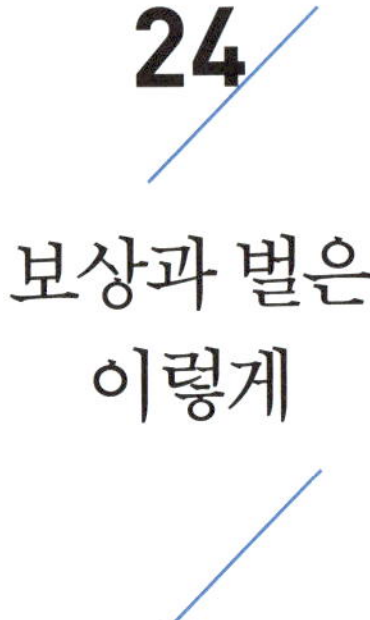

24

보상과 벌은
이렇게

상이든 벌이든 성적을 조건으로 내릴 때는 조심스럽고 신중해야 한다. 부모는 보상을 미끼로 여겨서는 안 되고, 아이는 대가를 바라고 공부해서는 안 되기 때문이다. 상벌의 내용은 아이와 협의해 정하되 한 달 이상 기간을 두어서 충분히 준비할 수 있도록 하자.

상벌의 효과는 아이마다 다르다

"이번 시험 잘 보면 최신 휴대폰 사줄게"라는 말에 모든 아이들의 눈이 번쩍 뜨이는 건 아니다. 성과를 중시하느냐 사람을 중시하느냐 하는 기질과 성격에 따라 다른데, 성과를 중시하는 아이는 눈에 보이는 것, 객관적인 자료, 금액, 날짜 등을 세밀하게 살피는 반면 사람을 중시하는 아이는 인간관계, 의리, 명예 등을 중요하게 여긴다.

예를 들어 조별 숙제가 있다면 성과를 중시하는 아이들은 "몇 점짜리예요?", "언제까지 해요?"라고 묻지만 사람을 중시하는 아이들은 "우리 조 누구예요?"라고 묻는다. 그러니 성과를 중시하는 아이에게는 기준이 되는 점수와 핸드폰 기종, 핸드폰을 사주는 날짜 등을 명확하게 제시해야 한다. 사람을 중시하는 아이라면 핸드폰을 사주는 것보다 "네가 시험을 잘 보면 우리 가족 모두 즐거운 일이니 외식을 하자. 메뉴는 네가 먹고 싶은 걸로 해"라고 말하는 것이 나을지도 모른다. 중요한 건 그 식사 자리에서 "네 노력 덕분에 오늘 식사가 특별히 의미 있고 즐겁다"고 인정해주어야 한다는 점이다. 사람을 중시하는 아이들은 나 혼자 누리는 핸드폰보다 나로 인해 가족들이 맛있는 것을 함께 먹고 즐거워하는 것을 더 가치 있게 여기며, 그간의 노력에 대해 칭찬과 인정을 받았다는 점에 스스로 자부심을 느끼기 때문이다.

부모와 아이의 성향이 다르면 혼란이 생기기도 한다. 엄마가 성과를 중시하는 성향일 경우 '내가 아이 입장이라면 이런 선물을 받는다고 할 때 정말 열심히 할 것 같다'는 생각으로 시험 때마다 매력적인 선물들을 제시할 것이다. 그러나 아이는 '엄마는 내가 아직도 어린앤 줄 아나? 그런 거 받고 싶어서 공부하게?'라고 생각할 수 있다. 반대로, 엄마는 '무언가를 바라고 공부하는 것은 진짜 공부가 아니다'라고 생각해서 전혀 상벌에 관심을 두지 않았는데, 경쟁과 성취를 좋아하는 자녀는 매일 똑같은 공부가 지루하다고 느낄 수도 있다.

따라서 보상 처벌에 관해서는 엄마의 지혜가 필요하다. 아이의 성향과 가정의 분위기, 형제 관계 등을 고려해 실현 가능하고 아이는 물론 가족 모두 즐거운 방법을 찾아보자.

상벌 내용은 한 달 전에 정하자

당근보다는 채찍이 효과가 더 뛰어나다. 따라서 벌보다 상을 주는 것이 더 좋은데, 벌을 줄 경우 아이와 충분히 합의를 해야 하며 '게임 시간 줄이기'와 같이 결국 아이에게 유익한 것으로 정해야 한다(시험 결과가 좋지 않아 게임 시간이 줄어들더라도 '다음 시험까지'라고 기간을 한정해야 한다).

아이들이 벼락치기를 하듯 엄마들도 상벌을 시험에 임박해서 정하는 경우가 있다. 아이가 공부하는 모습을 보니 조금만 자극을 주면 아주 잘할 것 같다든지, 전혀 긴장하지 않아 무언가 대책이 필요할 것 같다든지 하는 마음이 들어서다. 하지만 시험을 코앞에 두고 상벌을 정하는 것은 결과를 위해 벼락치기라도 하라고 유도하는 꼴이다.

상벌의 내용은 한 달 이상 충분한 준비 기간을 두고 정하자. 아이가 느끼기에 '지금부터 노력한다면 저 정도는 할 수 있겠다' 싶어야 한다.

상은 미리 줘도 좋지만 벌은 점수를 기준으로 준다

엄마들은 '핸드폰 바꿔줘야지'라고 생각했으면서도 괜히 '시험 잘 보면'이라는 조건을 붙이기도 한다. 어차피 사줄 것이지만 그래도 노력하도록 하는 계기가 되기를 바라는 마음에서다. 아이의 공부하는 태도가 성실하고 노력하는 모습이 예쁘다면 시험 결과와 상관없이 미리 상을 주어도 좋다. 그때는 "성적은 아직 안 나왔지만 시험을 준비하는 모습을 지켜보니 충분히 새 핸드폰을 받을 만하다"라는 점을 강조해야 한다. 아이는 엄마가 자신이 노력하는 과정을 지켜보고 있었다는 점을 흐뭇해한다. 또한 '결과보다 과정이 더 중요하다'는 것을 실감했으니 교육적 효과도 크다.

하지만 벌은 그렇지 않다. "너 공부하는 꼴을 보니 시험 점수 볼 것도 없이 게임 시간을 줄여야겠다"라고 해서는 안 된다. 아이는 엄마 마음대로 해버리는 결정에 분노할 것이고, 그렇게 상한 감정은 부모에 대한 불신으로 확장된다. 벌은 객관적인 기준에 따라 최소한으로 집행해야 하며, 상은 최소한의 기준으로 충분히 베풀자.

상벌의 내용은 아이와 협의하자

"엄마, 이번 시험 잘 보면 뭐 해줄 거야?"
"뭘 해주긴. 넌 뭘 받으려고 공부하니?"

"아무것도 없어? 그럼 열심히 할 필요 없겠네?"

이렇게 아이가 대가를 당연히 여긴다면 큰일이다. 아주 어릴 때부터 스티커나 초콜릿 같은 것으로 조건이 붙은 노력에 길들여 졌을 가능성이 높다. 이런 일을 방지하기 위해서는 상벌의 내용을 아이와 협의해 결정해야 한다.

사춘기를 지나는 아이들은 비록 미숙하지만 자신의 욕구와 판단 기준이 있다. 그래서 부모와 대화를 통해 협상을 배우고 엄마의 입장을 이해하며 자신의 요구 사항을 투정 부리지 않고 표현할 수 있다. 부모도 선물로 쓸 수 있는 돈의 액수와 다른 형제들의 입장 등 아이가 고려할 수 있는 사항들을 솔직하게 말해주자.

아이의 경쟁심과 승부욕을 일찌감치 살려주지 못해 아쉽습니다.

고1 딸과 중3 아들을 둔 엄마입니다. 자전거든 핸드폰이든 필요 하면 그냥 사주면 되지, 시험 점수에 따라 뭘 사주고 안 사주고 하는 건 영 이상하다고 생각했어요. 남편도 같은 생각이어서 보상에 대해서는 생각해본 적이 없었습니다. 큰아이를 키우면서도 그랬고요.

그런데 작은아이는 좀 달랐습니다. 초등학교 때부터 보물찾기나 낱말 맞히기 등 어떤 게임이든 선물이 걸려 있으면 기를 쓰고 매달려서 어떻게든 선물을 받고야 마는 거예요. 선물이 마음에 들지 않으면 울기도 했습니다. 학교에서는 팀을 이루어 게임을 하다가 어떤 아이 때문에 게임에서 지면 그 아이에게 뭐라고 하고는 집에 와서까지 화를 냈어요. 어려서 그런가 보다 했지요.

그런데 그것이 승부욕의 어린 모습이라는 것을 이제야 알았습니다. 지금도 숙제를 다 하거나 영어단어를 잘 외웠을 때 사탕이라도 하나 주면 좋아합니다. 운동화든 자전거든 필요하다면 그냥도 사주겠지만 목표 점수에 도달하면 사주겠다고 말하면 훨씬 진지하게 공부합니다. 시험을 잘 봐서 자전거나 운동화를 사러 가는 날에는 아주 좋아합니다. 아이 말로는 그냥 사주는 것을 받는 것보다 신이 난대요. 크든 작든 노력한 후에 무언가 보상이 주어지는 것이 좋은가 봅니다.

남자아이에게는 경쟁과 성취를 즐기는 법을 알려주는 것도 필요하다고 생각해요. 일찌감치 그 점을 살려주었다면 더 신 나게 공부하지 않았을까 하는 아쉬운 마음이 듭니다.

25

공부는 꾸준히 하는데
시험 결과는 별로예요

성실히 공부하는 것에 비해 성적이 잘 나오지 않는다면 아이가 '공부 행위' 자체에 집중하고 있을 가능성이 높다. 하지만 이러한 태도는 이제 막 초등학교를 졸업한 중1들에게는 지극히 정상적인 일이며, 공부의 틀이 형성된 것이니 매우 바람직한 시작이다. 지금까지 엄마가 정해주는 대로 공부를 해왔다면 스스로 정하는 공부로, 주어진 문제를 푸는 공부에서 문제를 출제해보는 공부로 전환을 시도해보자. 공부의 질을 높이면 공부가 더 재밌어진다.

성실함이 확보되었다면 안심이다

노력에 비해 성적이 나오지 않는 것은 중1 아이들에게는 자연스러운 일이다. 공부든 무엇이든 몸이 먼저 배우기 때문이다. 책상에 앉기, 밑줄 긋기, 문제 풀기 등 처음에는 효과와 상관없이 행위로만 공부를 시작한다. 이제 막 전두엽이 피어나기 시작했으니 아직 스스로 학습을 구성해낼 사고력이 가동되지 않는 것이다.

규칙적인 공부 시간을 지키고 주어진 공부를 잘해낸다면 일단 성공이라고 봐야 한다. 성적이 안 나온다고 해서 공부 습관이 잘못되었나 하고 걱정할 일이 아니다. 공부의 틀이 만들어졌으니 이제 그 속을 채우면 된다. 공부의 질을 높이는 것인데, 성실함을 익힌 아이들은 보통 사고력이 성장하면서 스스로 해낸다. 물론 그 과정에서 지치지 않도록 지금의 상태를 설명하고 격려해주는 것은 엄마의 몫이다.

틀린 문제들을 살펴보자

엄마들은 점수가 지난번보다 5점만 떨어져도 무척 걱정한다. 하지만 점수는 숫자로만 판단할 수 없다. 선생님들이 평균 조절을 위해 일부러 시험문제를 어렵게 내기도 하고, 그렇지 않더라도 아이가 어려워하는 단원이 시험 범위에 포함되어 있을 수도 있기 때문에 5~10점 정도는 걱정할 일이 못 된다. 그 외에 점수가 오락가락하는 이유는 수도 없이 많다. 그러니 "너 열심히 공부했는데 성적이 왜 이래?"라고 아이를 다그치지 말자. 아이는 "우리 반 애들 다 못 봤어!"라고만 할 뿐 명료한 이유는 본인도 모른다.

엄마가 할 수 있는 건 그 문제를 왜 틀렸는지, 문제 풀 때 어떤 점이 어려웠는지를 알아보는 것이다. 분위기를 편안하게 만들고 아이와 이야기를 해보자. 응용문제, 어려운 문제, 함정이 있는 문제를 틀렸다면 걱정할 것이 없지만 아이가 "몰라, 그냥 다 모르겠어", "아무것도 생각이 안 나"라고 말한다면 공부 방법을 바꿔야 한다.

생각하는 공부를 도와주자

성실히 공부를 하는데도 성적이 나오지 않는다면, 학습 계획에 맞춰 공부를 했더라도 숙제하듯 문제 풀이만 하고 지나갔을 가능성이 높다. 초등학생은 물론, 생각하는 공부에 익숙치 않은 중고등학생들도 흔히 하는 실수다. 이런 아이들은 공부의 질을 높일 수 있게 엄마가 도와주어야 한다.

가장 좋은 방법은 '설명하기'다. 단어를 외울 때도, 새로운 개념을 이해할 때도, 틀린 문제를 다시 풀 때도 '입으로' 공부할 필요가 있다. 설명을 해보는 이유는 '아는 것'과 '아는 것 같은 것'을 스스로 구분하기 위해서다.

학교에서 배운 것, 문제 풀어서 맞힌 것이라고 해서 그 내용을 완전히 안다고 할 수 없다. '아는 것 같은 느낌'을 '안다'고 착각하는 경우가 많기 때문이다. '아는 것 같은 느낌'은 몇 번 들어서 익숙한 것이지 내 지식으로 정착된 것이라 할 수 없기 때문에 단어를 바꾸는 등 문제가 변형되면 헷갈린다. 문제를 풀고 책을 읽는 등 시간을 들여 공부했지만 성적과는 연결되지 않는 것이다.

설명을 하다 보면 다 아는 내용 같아도 설명이 막히는 경우가 많다. 버벅대는 부분은 제대로 공부가 되지 않은 부분이다. 생각이 정리되지 않은 것은 말로 나오지 않는다. 또 이해가 부족하더라도 설명을 하다 보면 말의 논리성에 따라 학습 내용이 자리를 잡는다. 설명이 잘 안 되면 다시 공부해서 설명을 잘할 수 있을 때까지 완벽히 익히도록 격려해주자.

'시험용 공부'를 도와주자

사교육에 의존하지 않고 엄마랑 집에서 공부하던 아이들은 특히 '찍어주고 반복하는' 공부에 익숙하지 않다. 야무지게 엄마표 공부를 실천해온 엄마들도 아이 성적이 조금만 떨어지면 '학원에 안 보내서 그런가?', '내가 생각을 잘못했나?' 등 별의별 생각을 다 한다.

하지만 복잡하게 생각할 것 하나 없다. 학원에서 하듯 아이에게 시험용 공부를 조금 시키면 된다. 아이들은 교과서에 나온 모든 내용이 똑같이 중요해 보이기 때문에 시험에 나올 만한 내용을 예상하지 못한다. 또 반복을 귀찮아한다. 따라서 성적이 부진한 것은 평소 공부 습관의 문제가 아니라 찍어주고 반복하는 시험용 공부가 부족해서라고 볼 수도 있다.

조금 더 생산적인 방법을 찾자면 '문제 출제해보기'가 있다. 이는 문제를 풀 때와는 다른 차원의 공부가 된다. 비슷한 유형의 문제를 다섯 개 정도 풀었다면 그다음은 "네가 선생님이 되어 같은 유형의 문제를 두 개 출제해봐"라고 하자. 처음에는 단순한 문제를 내지만 하면 할수록 문제가 좋아진다. 그림도 활용하고, 도표를 약간 바꾸어 함정을 파는가 하면, 읽었던 책의 일부를 제시문으로 갖다놓기도 한다.

설명을 하든 문제를 내든 생각하는 공부는 시간이 많이 든다. 예전처럼 공부 분량과 시간을 제대로 지키지 못할 수도 있다. 하지만 괜찮다. 이는 학습 능력 성장을 위해 꼭 필요한 단계다. 이미 규칙적인 공부에 익숙해진 아이는 이러한 공부를 불안해할 수도 있으니, 왜 이렇게 해야 하는지를 아이에게 충분히 설명해주자.

CASE 설명하는 공부의 힘

우리 딸은 올해 초 서울대학교에 입학했습니다. 공부 잘하는 비결이 뭐냐는 질문을 참 많이 받았는데, 제가 지켜보며 느낀 여느 아이들과 다른 점은 조용히 공부하지 않는다는 것입니다.

수학 문제를 풀 때도 풀이 과정을 설명하면서 풀고, 영어단어를 외울 때도 철자나 발음을 말하면서 써요. 특히 암기과목을 공부할 때는 책을 몇 번 소리 내서 읽은 다음 책을 덮고 내용을 설명하는 식으로 암기를 했습니다. 밖에서 듣는 저도 아이가 공부한 내용을 다 알 정도였어요. 그렇게 들은 내용을 가지고 식사 시간에 제가 질문을 몇 개 하기도 하지요. 그러니 독서실은 가질 못합니다. 여름에 더워서 몇 번 가보기도 했는데 답답해서 공부를 못 하겠더래요. 그래서 여름에는 책이랑 노트를 가지고 공원이나 놀이터에 나가서 공부를 했어요.

말하며 공부하다 보니 시험 기간에는 목이 쉬기도 해요. 졸거나 멍하니 앉아 있을 겨를이 없지요. 짧은 시간이라도 집중력 있게 많은 공부를 하게 되는 것 같아요. 특히 말이 많고 활동적인 아이라면 이 방법이 잘 맞을 것 같습니다.

학기 중과 달리 자유롭게 쓸 수 있는 시간이 많이 주어지는 방학은 중학생에게 매우 소중한 시간이다. 방학을 어떻게 보내느냐에 따라 나중에 진학할 고등학교와 대학교가 달라진다고 해도 과언이 아니다. 신체와 정신을 좀 더 자라게 하는 방학 활용 노하우와 사교육의 도움을 받지 않고 혼자서 하는 '스스로 선행학습법', 방학 숙제와 개학 준비를 하는 요령을 소개한다.

Part 4
한 단계 성장하는
방학 중 학습 계획

26

다양하고 긍정적인 경험으로
전두엽을 자극하자

중학교 입학을 전후한 13~14세 무렵에는 전두엽에 큰 변화가 일어난다. 자주 쓰는 신경세포는 복잡하게 발달하는 반면, 자주 쓰지 않는 신경세포는 소멸되는 것이다. 따라서 다양한 자극이 필요하다. 이성의 뇌보다 감정의 뇌가 더 우월한 시기이니 머리보다 가슴으로 배우는 경험을 선물하자.

전두엽은 확장 공사 중

이성적 사고를 담당하는 전두엽은 영유아기를 거치면서 어느 정도 발달하다가 13~14세 무렵인 사춘기에 대대적인 리모델링에 들어간다.

한창 리모델링 공사를 하는 건물을 상상해보면 사춘기의 뇌가 어떤 모양일지 짐작할 수 있다. 여기저기 건축 자재가 널려 있으며, 전선과 수도관도 연결이 안 되어 있다. 한마디로 난장판이다. 공사 전에는 부족하고 부실한 점이 많은 상태라도 건물의 기능은 했지만 일단 리모델링이 시작되면 공사에 방해되지 않는 범위 내로 건물의 기능이 축소되거나 전혀 불가능해지기도 한다. 이런 상태가 바로 중학교를 막 입학한 아이들의 뇌다.

논리적이고 이성적으로 작동해야 할 전두엽이 이렇게 정신없으니 아이들은 판단하거나 우선순위를 정하거나 미래를 예측해 계획을 세우는 등의 일을 어려워한다. 어떤 면에서는 초등학생의 전두엽만도 못하다. 초등학생의 전두엽은 간단한 생각과 판단 정도는 할 수 있지만 공사 중은 아니어서 안정감은 있다. 적어도 아침에 몇 시에 일어나야 하고 정해진 숙제는 반드시 해야 하며 선생님이 말씀하신 것은 지켜야 한다는 것 정도는 이성적으로 안다. 하지만 청소년들은 그 속에 뭐가 들었는지 알 수가 없다. 엄마들이 중학생 자녀를 보며 '뭐 이런 애가 다 있어?', '초등학생 때보다 더 못한 거 같아' 라고 느끼는 게 당연하다는 거다.

이 정신없는 확장 공사는 왜 하는 걸까? 초등학교 고학년까지 형성된 전두엽은 집으로 치면 약 20평 정도의 건물이다. 학교와 집을 오가며 숙제하고, 약속을 지키고, 심부름을 할 수 있는 정도는 된다. 하지만 이 정도로는 나만의 꿈을 이루거나 복잡한 어른 세계의 삶을 살아낼 수 없다. 그래서 독립된 성인의 길에 접어드는 사춘기에 대대적인 확장 공사를 하는 것이다. 청소년기에 뇌

확장 공사를 어떻게 하느냐에 따라 30평짜리도 될 수 있고, 100평짜리도 될 수 있다.

이때는 뇌의 회백질이 1년에 두 배로 늘 정도로 매일 새로운 신경세포가 생성된다. 그중 경험으로 강화된 것은 남고, 사용하지 않은 것은 소멸한다. 즉 양질의 좋은 경험을 긍정적으로 쌓으면 튼튼하고 넓은 집을 지을 수 있다. 이 가능성을 생각한다면 청소년들이 책상 앞에 붙어서 공부만 하는 것은 매우 위험하고 잔인하기까지 한 일이다.

엄마가 원하는 만큼 아이의 뇌를 확장 공사하려면 좋은 재료가 필요하다. 좋은 재료는 양질의 다양한 경험을 통해 얻을 수 있다. 좋은 책, 영화, 여행, 사람들, 새로운 문화 체험 등 무엇이든 아이들이 진심으로 겪어보아야 한다. 그래서 매일 반복되는 등하교에서 벗어날 수 있는 방학이 중요하다.

긍정적인 감정을 느낄 수 있는 경험

청소년기에는 전두엽이 미숙한 반면 감정의 뇌는 매우 활성화되어 있다. 게다가 감정을 조절하는 역할을 하는 세로토닌이라는 신경전달물질이 아동과 성인에 비해 40% 정도 덜 나와서 감정을 안정적으로 조절하는 데 어려움을 겪는다. 오죽하면 엄마들이 "초등학교에 다니는 동생보다 못하다"고 할까. 일반 성인의 경우 세로토닌이 평소보다 40% 감소하면 우울증, 불안증 환자가 된다.

이 정도이니 옆에서 지켜보는 엄마는 몇 번이고 마음을 다스려야 한다.

확장 공사 중인 전두엽을 위해서는 다양한 경험을 하는 것이 중요하다. 그중에서도 긍정적인 감정으로 경험을 하는 것이 절대적으로 중요하다. 무엇이든 좋은 느낌으로 기억된 경험은 평생을 간다. 어릴 때처럼 여러 번 반복할 필요도 없이 가슴에 와닿는 한 번이면 충분하다. 그래서 길을 가다 들은 기타 연주 소리에 끌려 음악가가 된 사람도 있고, 영화의 한 장면 때문에 배우가 된 사람도 있는 것이다.

방학이 되면 목록 늘리기에 바쁜 체험활동, 봉사활동은 의미가 없다. 우리 아이에게 유익을 주는 감동이 무엇일지 생각해보자. 가슴으로 하는 경험, 무언가 많은 생각을 하게 만드는 경험, 한동안 말을 잊게 만드는 경험이 절실하다.

몸으로 부딪혀야 깨닫는다

청소년들은 전두엽이 공사 중인 상태라 이성적으로 접근하면 잘 받아들이지 못한다. 잘못된 길로 들어설 때 아무리 진심을 다해 이야기를 해주어도 아이들은 듣지를 않는다. 아이들이 나빠서 그런 게 아니라 그 무렵 뇌의 특성상 듣지 못한다고 보는 편이 맞는다. 그래서 어떤 것이든 일단 감정의 뇌를 통해 전두엽으로 기억되도록 도와주어야 한다. 그러려면 몸으로 부딪히면서 깨닫게 하는 것이 가장 효과적이다.

미국에서는 신생아의 3분의 1 정도가 미혼모의 아이라고 한다. 미혼모 중에는 청소년의 숫자도 엄청나게 많다. 이러니 미국 정부는 골치가 아프다. 미혼모와 그 아기를 돌보는 일이 버거워졌고, 그래서 미혼모의 출산을 막기 위해 여러 가지 방법을 썼다. 피임법을 알려주기도 하고 보상 정책도 실시했지만 별 효과가 없었다. 그런데 청소년들에게 직접 아기를 키워보게 했더니 효과가 나타났다고 한다. 일주일 동안 진짜 아기처럼 프로그래밍 된 아기 인형을 주고 키워보게 한 것이다. 청소년들은 아기 때문에 잠도 못 자고 수업 시간에 아기가 울어 수업을 못 듣는 등 고생을 해보고 나서야 아기 키우는 일이 보통 힘든 일이 아님을 실감했다. 어른들이 아무리 미혼모의 삶이 얼마나 고달픈지 말해줘도 듣지 않더니 한 번 체험을 한 뒤 달라진 것이다.

청소년기의 뇌는 시냅스가 너무 많아 다면적 사고를 하지 못한다. 한 번에 한 가지밖에 생각을 못하고, 그나마도 다른 생각들과 서로 연결을 시키지 못한다. 그래서 체험을 해야 한다. 직접 눈으로 보고 몸으로 겪어봐야 여러 가지 생각과 체험을 서로 연결시킬 수 있다.

형식적인 체험학습, 견학, 캠프보다 실제 이야기가 더 효과적입니다

중1 아들을 키우는 아빠입니다. 우리 아들의 꿈은 외교관입니다. 좋은 직업이지만 외교관에 대해 제대로 알지도 못하면서 괜히 멋있어 보이니까 그렇게 말하고 다니는 것 같더군요. 그래서 외교부에서 일하는 선배에게 아들 이야기를 하고는 저녁 식사 자리를 마련했습니다.

아이는 진짜 외교관을 만난다는 생각에 들떴지요. 선배는 먼저 명함을 내밀어 아이에게 신뢰감을 주었습니다. 그러고는 밥을 먹으며 자연스럽게 외교관에 대한 이야기를 했지요. 솔직하고 거침없는 대화였습니다. 훌륭하고 멋진 면도 있지만 고생스럽고 스트레스도 많은 일이라고요. 나라를 위하는 사명감도 필요하고 그만큼 의미 있는 일이라는 이야기, 월급은 어느 정도며, 가족과 떨어져 지내는 게 힘들어 일을 그만두는 사람도 있다는 이야기도 했습니다. 아이는 푹 빠져들어 경청했습니다. 어디에서도 들을 수 없는 이야기들이었거든요. 제가 들어도 흥미로웠지요. 헤어질 무렵엔 외교관뿐만 아니라 다른 직업들도 텔레비전에서 보는 것처럼 화려하지만은 않다는 이야기도 덧붙였습니다.

그날 이후 아이는 미래에 대해 매우 구체적이고 진지하게 생각합니다. 책도 찾아 읽고 전문가에게 메일을 보내기도 해요. 단순히

멋지다는 이유로 아무 직업이나 말해버리던 것에 비하면 대단한
변화입니다.

글로벌 리더 캠프니 청소년 외교관 체험이니 방학 때 잠깐 경험
하는 프로그램들은 진지하게 자신을 고민해야 할 사춘기 아이들
에게 충분하지 않은 것 같아요. '진짜 이야기'를 해줄 수 있는 지
인을 찾아보세요. 부모가 줄 수 있는 최고의 선물 중 하나입니다.

27

몸을 움직이면
인지능력이 좋아진다

요즘 아이들은 움직일 일이 많지 않다. 책상, 식탁, 컴퓨터, TV, 침대 어딜 가든 편하게 앉고 눕는 공간이지 아이들이 서 있거나 걷게 만들지 않는다. 몸이 정체되면 혈액도 산소도 생각도 기운도 정체된다. 방학이 시작되면 억지로라도 일으켜 세워 밖으로 내몰자. 다음 학기에 조금 더 성적을 올리고 싶다면 방학 동안 열심히 몸을 움직여야 한다. 운동은 집중력, 기억력, 암기력 등 학습에 필요한 모든 인지능력을 향상시킨다.

운동할 시간에 공부를 하겠다고?

시험 점수로 학생의 능력과 성과를 평가하는 분위기 때문에 많은 학교들이 체육 수업과 휴식시간을 줄이고 있다. 우리나라만의 문제는 아닌 모양인지, 의사이자 과학자인 앙트로네트 얀시 박사는 매우 도전적인 실험을 한다. 다른 과목에 할당된 시간을 빼서 체육 수업에 투자한 것이다. 그 결과 체육 수업이 아이들의 학업 성적에 피해를 주지 않는다는 사실을 발견한다. 오히려 훈련받은 교사들이 체육 수업을 실시했을 때 아이들은 언어와 읽기에서 더 좋은 성적을 냈다고 한다.

존 메디나 응용학습심리학 박사는 "시험 점수를 더 잘 받으려고 신체 운동, 즉 인지능력을 향상시킬 가능성이 가장 높은 행동을 줄이는 것은 굶으면서 살찌려는 것과 마찬가지"라고 했다. 책상 앞에 오래 앉아 있는 것만이 살 길인 양 공부에 매달리는 우리 아이들의 모습을 떠올리면 무언가 변화가 절실한 것만은 분명하다.

운동하는 아이들이 공부를 더 잘한다

운동과 인지능력의 연관성을 보여주는 연구들은 상당히 많다. 두뇌의 활성화에 대한 연구에서는 운동을 하는 건강한 아이들과 청년들이 특정 과제에 필요한 인지적 수단을 더 효율적으로 할당해 활용하며 더 끈기 있게 과제에 매달린다는 사실이 밝혀졌다.

또 다른 연구에서는 아이들을 하루에 30분씩 일주일에 두세 번 달리게 했더니 12주 뒤 아이들의 인지능력이 달리기를 하기 전보다 눈에 띄게 높아졌다. 평소 운동을 즐겨 하지 않는 아이라도 '공부를 잘하기 위해 일부러’ 운동을 하면 효과가 있다는 얘기다. 과학자들은 이 흥미로운 실험을 조금 더 진전시켰다. 인지능력 향상에 효과를 보인 운동 프로그램을 그만두면 어떻게 될까? 운동을 그만두자 인지능력도 운동하기 전 수준으로 돌아갔다.

이쯤 되면 운동은 ‘하면 좋지’라고 가벼이 여길 일이 아니다. 머리 쓰는 사람이라면 반드시 해야 할 일이다. 일주일에 두세 번, 30분씩 유산소운동을 하는 것만으로 인지능력이 향상된다. 그러니 아이들의 방학 계획표에 운동을 넣자.

무기력하거나 우울한 아이는 공부를 잘할 수 없다

한 학자가 학생들을 명랑한 집단과 우울한 집단으로 나누어 자연과학 학습도서를 읽게 했다. 그리고 조금 후 읽은 내용을 그대로 옮기는 것과 그 내용과 관련된 문제를 푸는 것, 두 가지 과제를 주었다. 그 결과, 그대로 옮기는 작업은 두 집단 모두 차이가 없었으나, 문제를 푸는 작업은 명랑한 집단이 월등히 우수하게 수행했다.

명랑한 감정은 학습 능력과 기억력을 향상시킨다. 그리고 운동은 기분에 영향을 끼친다. 그 영향은 너무나 명백해서 정신과 의사들이 치료 과정에 운동을 ‘처방’할 정도다. 운동이 정신 건강을 유지시키는 세 가지 신경전달물질, 즉 세로토닌, 도파민, 노르에피네프린의 배출을 조절하기 때문이다. 운동은 우울증과 불안장

애 모두에 즉각적으로 효과를 나타내며, 알츠하이머병에 걸릴 확률까지 대폭 줄인다. 우울증 환자들을 대상으로 실시한 어느 실험에서는 혹독한 운동이 항우울제를 대체하기도 했다.

운동은 아이들의 두뇌를 활발하게 한다. 얀시 박사는 신체가 건강한 아이들은 운동을 하지 않은 아이들보다 훨씬 빠르게 시각적 자극을 알아차렸으며 집중력도 더 뛰어났다고 말한다.

"신체활동을 꾸준히 해온 아이들은 그렇지 않은 아이들보다 주제에 더 잘 집중합니다. 교실에서 파괴적인 행동도 훨씬 덜 하고요. 자신에 대해서 긍정적으로 생각하며, 자존감도 높고, 우울감이나 불안감도 덜 느낍니다. 우울감과 불안감은 학업 성적과 주의력을 떨어뜨릴 수 있죠."

사춘기 아이들은 고민이 많고 일부러 고독을 즐기기도 하며 감정의 소용돌이에 휩싸여 눈물도 자주 흘린다. 자연스러운 성장의 과정이기는 하지만 그 무거운 분위기 속에 언제까지나 파묻혀 있을 수는 없다. 얼른 털고 일어나 다시 공부를 시작하고 목표를 바라보아야 한다. 이때 필요한 것이 운동이다.

아이가 처져 있다면 함께 운동을 하자. 할 줄 아는 운동이 없거든 야구장에 가서 방방 뛰며 응원이라도 해야 한다.

걷기는 다리를 튼튼하게 만드는 것은 물론 뇌 발달도 촉진한다. 인간의 신체 중 가장 큰 근육은 허벅지 근육인데 이 근육의 신경은 뇌간과 연결되어 있다. 그래서 걸으면 근육에서 나온 신호가 뇌로 전달되고, 이 신호가 뇌를 자극해 움직임을 활발하게 만든다. 또한 걷는 동안 심장은 평상시 1분간 약 5리터의 혈액을 흘려보내던 것을 약 10배 더 흘려보낸다. 이런 작용은 뇌에 산소와 영양소를 충분히 공급해 뇌 활동을 활발하게 한다.

뇌가 움직이지 않는데 정보를 넣는다고 저장될 리 없다. 학원 수를 줄이더라도 하루에 30분~1시간 정도는 걷기 운동을 하게 하는 것이 학습에 더 효과적이다.

- 헬스클럽에 등록하는 것보다 매일 걷기가 훨씬 낫다.

- 3층 이하는 무조건 계단을 이용한다.

- 마을버스로 두세 정거장 정도는 걷는다.

- 여름방학에는 아침 산책을 하는 것이 좋다. 공원을 걸으며 잠을 깨고 하루 일과를 생각하자.

- 가족이 함께 저녁 식사를 한 날에는 모두 함께 나가 걷자. 줄넘기, 배드민턴을 챙겨 가도 좋다.

28

취약 부분 복습으로
1학기 총정리하기

방학 공부에서 가장 중요한 것은 지난 학기 과정 중 대충 넘어 갔거나 자신 없는 상태로 남아 있는 부분을 보완하는 일이다. 학원에서 하는 총정리 특강은 의미가 없으며, 얼마나 어떻게 모르는지를 스스로 점검해야 한다. 특히 중1은 '구멍 없는 공부 만들기'의 시작이 되는 학년이므로 첫 여름방학부터 실천하자.

선행학습보다 자신감 회복이 먼저

중학교에 올라와 첫 학기를 보낸 엄마들은 심란하다. 적응하는 기간이니 1학기는 욕심 없이 보내자고 다짐했건만 두 번의 시험 성적이 머릿속에서 떠나질 않는 것이다. '어떻게 하면 2학기 성적을 올릴 수 있을까' 하는 생각에 자꾸 선행학습으로만 마음이 쏠린다.

하지만 그보다 급한 일이 있다. 바로 1학기 공부의 구멍을 막는 일이다. 1학기에 배운 내용 중 대충 넘어갔거나 자신 없는 상태로 남아 있는 부분이 있다면 다시 공부해야 한다. 취약 부분은 머릿속에만 남아 있는 것이 아니라 마음속에도 남는다. 그래서 다음 학기, 다음 학년, 고등학교 수업에서 관련 내용이 나오면 또다시 자신이 없어진다. 그러다가 나중에는 "난 원래 사회를 못해" 하며 그 과목을 통째로 멀리하게 된다. 취약 과목은 이렇게 '만들어'진다.

아이들은 조금만 몰라도 '하나도 모른다'고 인식해 불안감이 커진다. 그러니 개념 한두 개, 단원 하나처럼 취약 부분의 단위가 작을 때 보충하는 것이 가장 좋다. 특히 중1 첫 학기는 구멍 없는 공부 만들기의 시작이 되는 학년이므로 첫 여름방학부터 실천하자.

교과서 넘겨보며 취약 부분 살피기

과목별로 취약 부분이 다르겠지만 몸이 아프거나 슬럼프에 빠지는 등 전체적으로 공부를 제대로 못한 기간이 생기기도 한다. 그런 경우에는 그 기간에 배운 내용을 모두 다시 공부해야 한다.

지난 학기 공부 중 다시 공부해야 할 부분을 찾기 위해서는 첫 장부터 배운 곳까지 교과서를 넘겨보는 것이 가장 좋다. 단원명, 밑줄, 필기 흔적을 살펴보면 수업 장면도 떠오르고 시험공부를 하던 기억도 떠오른다. 이렇게 공부 내용과 관련되어 무언가 떠오르는 것이 있다면 공부를 했다는 증거다. 교과서를 넘기며 내가 공부한 과정을 되새기는 것만으로도 훌륭한 총정리가 된다. 그러다 이해가 안 되었던 부분, 별표가 그려진 문제를 만나면 주의 깊게 살펴보아야 한다. 공부가 더 필요하겠다고 판단되면 교과서 앞 목차에 표시를 해둔다.

여기까지만 해두어도 훨씬 마음이 가볍다. 제대로 한 게 하나도 없었던 것 같은 불안감을 떨치고 '이 부분만 보충하면 되겠다'는 탈출구를 찾았으니 공부로 이어지는 과정이 조금 더 수월해진다.

교과서 읽고 문제집 풀며 스스로 공부

취약 부분은 스스로 해결해야 한다. 총정리 특강 같은 걸로 대신할 수 없다. 여러 명의 학생이 같은 내용을 취약 부분으로 골랐다고 해도 그 내용을 모르는 이유와 정도가 제각각 다르다. 나에게 필요한 공부는 나만 할 수 있는 법이다.

보통은 교과서, 유인물, 노트를 통해 학교 수업 내용을 다시 공부하고 문제집에서 해당 내용의 문제들을 다시 풀어보면 된다. 공부할 부분을 정해놓고 하기 때문에 시간은 그리 오래 걸리지 않는다. 혼자 공부하기에 어려움이 있다면 그 부분만 인터넷 강의를 들어도 좋다.

기말고사 후 방학식 전 시간을 활용하자

취약 부분 복습은 방학 동안 꼭 해야 할 공부지만 방학 내내 할
만큼 분량이 많은 것은 아니다. 실제로 이 공부를 하기에 가장 좋
은 시기는 '기말고사 후 방학식 전'이다.

2주 정도 되는 이 기간은 그저 방학을 기다리며 놀듯 지나가는
기간이라서 학교 수업도 여러 가지 행사로 대체되는 경우가 많다.
자연히 매일 복습 분량도 거의 없다. 취약 부분 복습은 바로 이 기
간에 하교 후 매일 복습을 하던 시간에 하면 좋다. 평소 공부 리듬
을 이어갈 수 있고 방학 중 따로 공부할 시간을 내지 않아도 되니
일석이조다.

**아이 스스로 "시험 전에 이렇게 공부하면 좋았을 텐
데" 하고 느낍니다**

중1, 중3 두 아들을 키우는 엄마입니다. 남자아이들이라 꼼꼼하
게 자기 공부를 챙기지 못해서 속이 타요. 특히 작은 아들은 점수
도 안 나오면서 자신은 잘하고 있다며 늘 큰소리를 칩니다. 그 녀
석 말을 믿을 수 없어 여름방학 때는 1학기 공부를 다시 봐줘야
겠다고 생각했습니다.

교과서를 펴놓고 자신 없는 부분을 골라보라고 하니 방정식의 활용 부분에서 응용문제들이 헷갈린다고 하더군요. 제가 보기에는 다른 과목들에도 부족한 점이 많은데 이야기를 하지 않으니 또 속이 탔습니다. 그래도 강요할 수는 없어 본인이 하겠다는 것만 하라고 했어요.

우선, 교과서와 학교에서 받은 유인물에 있는 문제들을 모두 다시 풀게 했습니다. 그것만 해도 기특하다 싶었지만 만날 큰소리 치던 놈이 오죽하면 자신 없다고 골랐을까 싶어 문제집도 풀게 했습니다. 평소에 풀던 문제집을 다시 풀고, 사놓고 풀지 않은 난이도 높은 문제집도 풀어보라고 했어요. 반복되는 문제 풀이를 지루해하지 않을까 걱정했지만 아이는 점점 문제 풀이 실력이 느는 것을 실감하는 듯했습니다.

전에는 대충 감으로 풀던 어려운 문제도 식을 세워 풀 수 있게 되자 "시험 전에 이렇게 공부했으면 좋았을 텐데" 하며 안타까워했습니다. 스스로 취약점을 해결하고 나니 공부에 대한 자신감이 생긴 것 같았어요.

제가 시켜서 다른 과목들도 억지로 복습했다면 이렇게 집중하지 못했을 겁니다. 아이가 스스로 부족하다고 느끼는 부분을 공부해야 성과도 좋다는 것을 다시 한 번 느낍니다.

29

잘하는 과목을 살릴까,
못하는 과목을 보충할까?

중학교 첫 학기를 보내고 나면 엄마들은 과목별 편차에 민감해진다. 점수 차가 더 벌어지기 전에 부족한 과목을 보충해줘야 할 것 같기 때문이다. 한편으로는 전 과목을 다 잘할 수는 없으니 일찌감치 잘하는 과목을 확실히 미는 게 낫지 않을까 싶다. 하지만 양쪽 다 위험하다. 아이 스스로 잘하는 과목과 못하는 과목에 대한 고정관념이 생길 수 있기 때문이다. 잘하는 과목은 상한선 없이 도전하고, 못하는 과목은 즐기는 태도를 심어주자.

점수 차를 실력 차로 단정하지 마라

별다른 노력을 하지 않았는데 점수가 잘 나오는 과목이 있고, 특별히 신경을 쓰는데도 겨우 평균을 유지하는 과목도 있다. 사고력이 비약적으로 발달하는 시기이기는 하지만 모든 아이들의 성장 정도가 똑같지 않으므로 단순 비교를 하기는 어렵다. 예를 들어 국어, 영어 등 어문계열은 잘하면서 수학, 과학을 어려워한다면 언어능력이 먼저 발달했을 가능성이 높다. 반면 언어능력이 뛰어나면서도 암기를 싫어해 영어 점수가 안 나오거나, 논리력이 부족하면서도 암기를 잘해 과학 점수가 잘 나오는 경우도 있다.

한두 살 아기가 걸을 수는 있지만 능숙하지 않은 것처럼, 중1들도 이제 막 사고력이 돋아나 학습에 능숙하게 사용하지는 못한다. 따라서 중1의 점수 차는 실력 차이라고 단정할 수 없다. 실력 차이라고 해도 지속적인 노력이 필요하며, 방학 한 달 바짝 한다고 달라질 문제는 아니다.

어떤 과목이든 아이가 공부의 필요성을 느끼지 않는 한 엄마가 먼저 유난을 떨 필요는 없다. 아이에게 질문을 할 때도 "이 과목은 다른 과목에 비해 점수가 낮은데 평소에 공부를 하면서도 어려움을 느꼈니? 아니면 실수가 많았거나 수행평가 같은 점수들 때문에 그런 거니?"라고 스스로 생각해볼 수 있는 질문을 하자. 자신의 상태를 가장 잘 아는 사람은 아이이므로 어떤 형태로든 공부가 필요하다면 언제라도 요청할 수 있도록 엄마와의 관계를 편안하게 열어두자.

잘하는 과목, 못하는 과목을 정하지 말자

자존감이 낮은 아이들은 포기를 쉽게 한다. '난 공부 체질이 아닌가 보다', '이 과목은 나랑 안 맞나 봐'라고 단정해버린다. 주변 사람들(특히 부모와 선생님)에게 '넌 이 과목이 유독 약하구나'라는 평을 자주 들은 아이는 자기도 모르게 그 과목에 대한 열등감을 갖게 된다.

이것은 매우 위험한 편견이다. 그렇게 심어진 생각의 영향으로 그 과목에 대한 자신감이 떨어지고 공부도 덜 하게 되고, 점수가 낮게 나와도 당연하게 여긴다. 그러니 공부 전략을 생각하기 전에 잘하는 과목, 못하는 과목에 대해 인식하지 않도록 주의해야 한다. 평상시 대화를 할 때도 "넌 이 과목이 부족하니까 보충하자", "이 과목은 잘하니까 적당히 해도 되겠다" 같은 표현은 삼가야 한다. 모든 과목은 열심히 공부하되 방법을 달리해야 한다.

못하는 과목은 편한 과목으로 만드는 게 우선

KBS의 예능 프로그램 〈1박 2일〉에 선생님들이 출연자로 나온 적이 있다. 한 선생님의 사례가 인상적이었는데, 학생들이 그 선생님 때문에 선택과목을 바꾸고 방학 중 수업 때는 이웃 학교의 아이들까지 선생님 수업을 들으러 올 정도라고 한다.

초·중·고를 통틀어 점수 차이를 만드는 데 가장 큰 영향을 미치는 요인 가운데 하나가 과목별 선호도다. 수학 선생님께 칭찬을 들으면 자신의 학습 능력과 상관없이 수학 공부를 잘하는 식이다. 따라서 못하는 과목을 '보충'하는 것보다 좋아하는 과목, 편안한 과목으로 만드는 게 먼저다.

아이들은 주변의 반응을 통해 자신의 상태를 인식하므로 못하는 과목에 대해 엄마가 먼저 편안한 모습을 보여주어야 한다. 사람은 완벽할 수 없으며 부족한 점이 있기 때문에 겸손함도 배우고 노력도 하게 되는 것이라고 격려해주자.

사교육을 하려거든 아이와 잘 맞는 선생님을 고르는 것이 가장 중요하다. 죽이 잘 맞는 친구와 함께 공부를 하도록 해서 그 과목을 공부하러 오가는 길이 즐겁도록 하는 것도 한 방법이다. 엄마가 공부를 시키려거든 짝수나 홀수 번호 문제만 풀거나 얇은 문제집을 골라서 책 한 권을 다 끝내는 성취감을 맛보도록 해주자.

잘하는 과목은 상한선 없이 도전

못하는 과목을 편하고 즐거운 과목으로 만들었다면, 잘하는 과목에서는 바짝 긴장해야 한다. '90점 넘었으니 이 정도면 됐다', '1등 했으니 잘했다' 하며 안심해버리면 더 잘할 수 있는 능력도 발휘하지 못한다.

타인과 비교하는 점수에 의미를 두지 말고, 자신의 점수를 기준으로 삼아 한 단계씩 올라가도록 도전해보자. 교과 학습에 한정할 필요는 없다. 어문계열에 좋은 능력을 보인다면 한자나 제2외국어를 배워도 좋다. 자격증이나 공인시험 점수를 받는다면 더 큰 공부의 세계를 경험하게 될 것이다. 수학을 잘하는 아이라면 중2와 중3 진도까지 욕심을 부려도 좋다.

어떤 엄마들은 선행학습을 많이 해두면 학교 수업에 흥미가 떨어진다고 걱정하는데, 그것은 공부하는 의도에 따라 다르다. 뒤지지 않기 위해 미리 배워두는 것과, 내가 좋아서 계속 배우는 것은 분명 다르다. 학년으로 구분되어 있을 뿐 내가 좋아하는 분야의 공부라고 생각하면 된다. 자신이 좋아서 하는 공부를 욕심냈을 때 수업 태도가 나빠지는 경우는 드물다. 본인이 하고자 노력하고 능력이 된다면 어떤 과목이든 상한선을 둘 필요는 없다.

아이와 맞는 선생님 수업을 직접 들어보고 결정하세요

아들은 수학을 잘하고 좋아하는 편이었습니다. 초등학교 5학년 때부터 선행학습을 시작해 중학교 입학 무렵에는 중3 진도까지 마쳤으니까요. 하지만 중2 때 급격히 성적이 떨어진 이후부터 중학교를 졸업할 때까지 수학은 물론 모든 과목에 흥미가 떨어지고 성적도 회복하지 못했습니다.

다른 과목은 몰라도 그렇게 잘하던 수학에서조차 자신감을 잃으니 정말 힘들었어요. 중1 때까지만 해도 특목고를 희망했는데, 고등학교는 선행학습이니 뭐니 아무 준비도 못하고 평범하게 진학을 했습니다.

아이가 다시 공부를 시작한 것은 고2 여름방학이었어요. 친구가 다니는 수학 학원에 같이 다니게 되었는데 학원 선생님과 참 잘 맞았습니다. 가르치는 방법이 군더더기 없이 깔끔해서 좋대요. 수학 성적을 회복하니 다른 과목도 서서히 성적이 오르기 시작했습니다.

좀 더 일찍 아이에게 맞는 선생님을 찾았더라면 얼마나 좋았을까 싶어요. 그동안 이 학원 저 학원 다녀보고 과외도 시켜봤는데 오래 하지 못하고 그만두었거든요. 학원이든 과외든 엄마가 알아보는 데는 한계가 있는 것 같아요. 실력이 있는 것과 아이가 좋다고 느끼는 것은 다르다는 것을 실감했습니다. 할 수 있다면 아이가 직접 수업을 들어보고 선택하게 하세요.

30

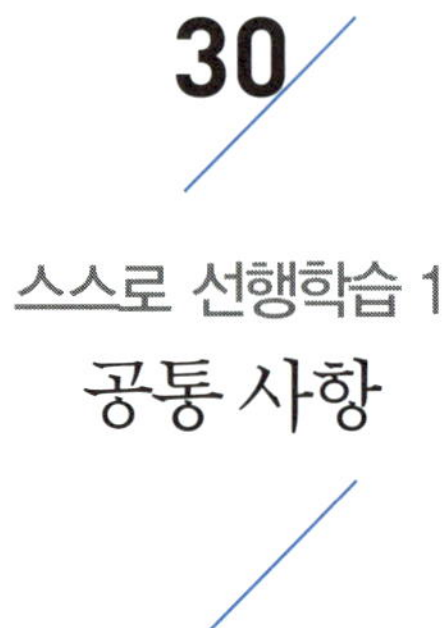

스스로 선행학습 1
공통 사항

선행학습은 해도 그만 안 해도 그만이지만 꼭 하고 싶다면 스스로 해보게 하면 어떨까? 아이들의 머릿속에는 이미 그럴 만한 사고력이 있다. "처음 하는 걸 어떻게 혼자 해요?" 했던 아이들도 그 불안감을 스스로 깨고 나면 자신감과 학습 능력이 부쩍 큰다. 선행학습은 무조건 학원에서 받아야 한다는 수동성에서 벗어나자.

문제집과 참고서는 개학 후에도 볼 것을 고른다

선행학습을 하려면 책이 필요하다. 선행학습용 교재는 의미가 없으며, 개학 후 매일 복습이나 시험공부를 위해 볼 책을 미리 산다고 생각해야 한다. 기본적으로 교과서를 펴낸 출판사에서 나온

평가문제집을 구입하되 영어, 한문, 제2외국어는 자습서도 고려해야 한다. 지난 학기의 경험을 바탕으로 선생님의 수업 스타일에 따라 더 필요한 책도 있고 사지 않아도 될 책들도 있을 테니 필요한 책 목록을 작성해보자.

모든 과목에 적용할 수 있는 학습법은 다음과 같다.

● **교과서를 가볍게 읽고 문제를 풀어본다** : 모든 공부의 출발은 교과서다. 아직 배우지 않은 교과서를 처음 보는 것이니 구경하듯 부담 없이 읽으면 된다. 이해가 잘되지 않는 부분은 연필로 가볍게 표시를 해두고 그냥 넘어간다. 처음부터 교과서를 꼼꼼하게 읽지 않는 이유는 그렇게 하면 시간이 지체되고 지루해져 공부에 흥미를 잃기 때문이다. 또한 아무것도 알지 못하는 상태에서는 중요하지 않은 부분에서도 지나치게 에너지를 낭비하게 되므로 처음에는 훑어보듯 읽어야 한다.

그다음에는 문제를 푸는데, 교과서 한 번 대충 읽었다고 문제를 다 풀 수 있는 것도 아니다. 문제를 풀 때는 교과서를 찾아보면서 푼다. 이 과정에서 자연스럽게 문제에 담긴 중요 내용을 꼼꼼히 살피게 된다. 즉 문제는 교과서를 자세히 보기 위한 수단이 된다. 단, 문제집의 요약 정리는 보지 않는다. 수업 시간에 보게 될 것은 교과서이지 요약 정리가 아니기 때문이다.

문제를 풀고 나면 답을 맞혀보자. 교과서를 찾으며 풀었는데도 분명 틀린 게 나온다. 그러면 다시 교과서를 찾는다. 문제에 교묘히 숨어 있는 함정에 빠졌거나 교과서의 내용을 정확히 읽지 않아서 틀린 것들이 대부분이니 다시 교과서를 보면 헷갈렸던 부분을 더욱 자세히 볼 수 있다. 답안지는 채점할 때 외에는 가능한 보지 말고, 왜 틀렸는지 도무지 알 수 없는 경우에만 참고하자.

● 교과서에 연필로 필기 : 학생들 중에는 선행학습을 하면서도 공부한 티를 내고 싶지 않다며 필기를 전혀 하지 않는 녀석들이 있다. 필기가 되어 있으면 친구들이 "너 공부했느냐?" 한다는 것이 이유다. 하지만 선행학습을 했다면 흔적을 남겨야 한다. 그것이 수업 시간에 훌륭한 연결 고리 역할을 하기 때문이다. 그러니 교과서를 읽고 문제를 풀면서 자연스럽게 밑줄과 물음표, 간단한 메모를 하자. 수업을 들으며 고쳐야 하는 경우가 생길 수 있으니 모두 연필로 한다.

● 다시 한 번 교과서를 읽는다 : 이제 다시 교과서를 읽는다. 이번에는 어떻게 읽으라고 시키지 않아도 아이들 스스로 중요한 내용을 파악하고, 문제에 나온 내용을 떠올리며 처음 읽었을 때와의 차이점을 느낀다.

선행학습은 학교 수업을 대신하는 것이 아니다. 학교 수업을 더 잘 이해하기 위해 하는 것으로 학습 내용에 대한 자신감과 바탕 지식이 만들어질 정도면 충분하다. 선행학습을 하며 완전히 이해되지 않은 부분이 있다면 교과서에 '수업 시간에 집중하기'라고 써놓으면 된다.

하루에 소단원 하나 정도면 충분

선행학습을 하면 한 번에 얼마나 공부를 해야 할지 감을 잡을 수 없다는 엄마들이 많다. 하루에 소단원 하나 정도면 적당하다. 책을 넘겨보면 '몇 장 안 되는데?' 싶겠지만 교과서를 찾으며 공부를 해보면 그것도 제법 힘이 든다.

공부라는 게 물건 찍어내듯 이루어지지 않는 법이다. 공부하는 시간만 따지면 하루에 열 단원이라도 할 수 있을 것 같지만(소단원 하나면 한 시간이 넘지 않는다) 쉬는 시간, 식사, 독서 등 기본적인 방학 생활을 감안하면 매일 빠지지 않고 하나씩 하는 것도 녹록지 않다.

욕심을 부려 오전에 한 단원, 오후에 한 단원 정도는 할 수 있지 않을까 싶겠지만 직접 해보면 매일 그렇게 하기는 어렵다는 걸 금방 알게 된다. 그러니 우선 '하루에 한 단원'이라고 정하고 컨디션이 좋은 날, 여름방학의 경우 비가 와서 시원한 날, 한 단원 분량이 적어 공부가 일찍 끝난 날 등 가능한 날만 예외적으로 두 단원에 도전해보자.

선행학습을 하느라 이미 헌책이 되었는데 개학 후 다시 보면 김이 빠지지 않을까? 사실 한 번 보았다고 그 내용을 모두 아는 것은 아니며, 공부라는 것이 반복해서 볼 때마다 배울 게 생기게 마련이지만 기분상 보던 책을 또 보기는 싫은 게 사람의 마음이다.

여기서는 취향에 따라 의견이 갈린다. 이전에 공부하던 생각이 나서 더 공부하기에 좋다는 아이들도 있고, 그래도 새 책으로 공부하고 싶다는 아이들도 있다. 전자라면 보던 책을 보면 되고, 후자라면 똑같은 문제집을 한 권 더 사면 된다. 이미 공부했던 책이라 양쪽 모두 복습 때 문제 푸는 속도도 빠를 것이니 다른 출판사의 문제집을 한 권 더 사서 푸는 것도 도전해볼 만하다.

31

과목별 학습법

> 문제 푸는 공부가 재미없다면 과목별 특성에 따른 선행학습을 해보면 어떨까? 교과서 본문을 복사해 나만의 자습서를 만들거나(국어, 영어), 단원별 핵심어를 찾아 스스로 개념 정리(사회, 과학)를 해보는 것도 방학 때만 누릴 수 있는 재미다.

어떤 과목을 공부할까?

학생들에게 어떤 과목의 선행학습이 필요하냐고 물으면 단연 수학을 첫손에 꼽는다. 시간도 오래 걸리고 어려운 문제들이 많아 학기 중에는 충분히 공부하지 못한다는 생각 때문이다. 그다음이 영어고, 그다음으로는 저마다 어려워하는 과목을 고른다.

어떤 과목을 공부할지는 자유지만, 스스로 선행학습을 처음 하는 방학이라면 딱 한 과목을 골라 시작하는 것이 좋다. 그래야 완성도가 높고 '혼자서도 할 수 있구나' 하는 자신감이 생긴다. 그 자신감으로 다음 방학 때는 두 과목에 도전할 수 있다.

중1의 공부는 이렇게 모든 면에서 앞으로의 공부를 고려해야 하며, 부담이 없어야 한다.

국어 | 긴 문학작품 전체를 이해한다

국어는 단원별 특성에 따라 공부 방법을 달리해도 좋다. 말하기, 쓰기 부분은 특별히 어려운 내용이 없으니 교과서를 읽고 지나가도 무리가 없다. 문법은 헷갈리는 요소들이 있으니 다양한 문제를 풀어보며 감을 잡아야 한다.

방학의 충분한 시간을 활용하기에 가장 좋은 부분은 문학이다. 긴 작품이 교과서의 여러 장을 차지하고 있어 몇 번을 쪼개서 수업을 하게 되는데, 그렇다 보니 아이들은 밑줄 긋고 필기한 것만 기억하고 작품 전체에 대한 이해도가 떨어진다. 문단 배열하기나 작품의 주제 등 특별히 어렵지 않은데도 숲을 물어보는 문제들을 틀리는 것이다. 그러니 아이 스스로 작품을 읽고 느끼는 시간을 충분히 갖도록 도와야 한다.

우선 문학작품 부분만 교과서를 복사한다. 작품 전체를 한 번 읽고 내용을 대충 파악한 후 복사한 교과서를 문단별로 잘라보자. 잘라진 문단 조각을 뒤섞어놓고 퍼즐 맞추기 하듯 순서대로 맞춘다. 문단을 순서대로 연결해야 하니 작품 전체의 흐름을 계속 떠올려야 하고 부분 부분을 읽고 전체와의 관계를 생각하는 과정을 반복한다. 이렇게 한 번만 해보면 작품 전체의 줄거리며 사건의 흐름이 자연스럽게 기억된다. 여기까지만 해도 학습 효과가 뛰어나다.

교과서를 복사해 문단별로 잘라놓은 모습. 이렇게 섞어놓고 문단을 순서대로 맞춰보자.

이제 문단의 내용을 공부할 차례다. 여기서는 노트가 필요하다. 잘라진 문단 조각을 노트에 붙이는데, 다닥다닥 붙여서는 안 되고 필기할 여백을 충분히 두며 한 쪽에 두 문단 정도를 붙인다.

노트 여백에 그 문단의 중심 생각을 적고, 모르는 단어는 뜻을 찾아 쓴다. 문단의 주제는 스스로 생각한 것을 쓴다. 그래야 수업 시간에 내가 생각한 것이 맞는지 확인하며 집중할 수 있기 때문이다. 참고서를 보고 베끼는 것은 의미가 없다.

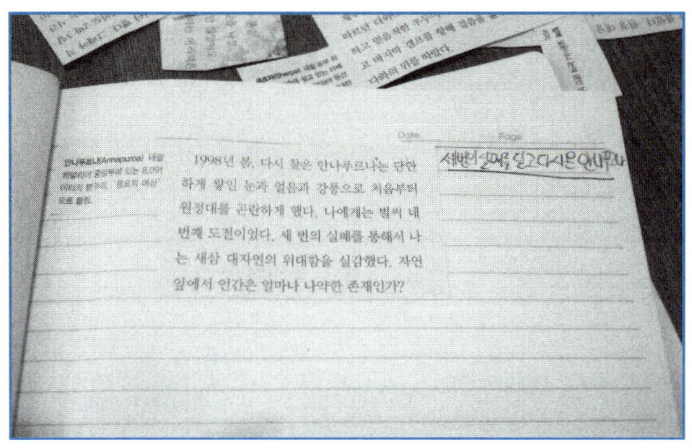

노트에 문단 조각을 붙이고 문단의 주제를 적어놓은 모습. 필기는 연필로 해서 수업을
들으며 수정할 수 있도록 한다.

작품을 읽다 보면 중요한 기능을 하는 문장이 무엇인지, 결말
의 단서가 되는 단어는 무엇인지 보이기도 하는데, 나름의 표시를
해두면 나중에 수업 듣는 재미가 커진다. 모든 필기는 연필로 한
다. 수업을 들으며 고칠 수 있기 때문이다.

이 노트는 개학 후 수업 때 그대로 활용하면 된다. 여백을 넓게
두고 지문 전체를 붙였으니 교과서에 작은 글씨로 필기하느라 애
쓸 필요도 없고, 내가 미리 공부한 내용을 함께 볼 수 있으니 학습
효과가 크다. 반면 교과서는 말끔하다. 깨끗한 교과서는 시험공부
를 할 때 유용한데, 시험 직전 공부한 내용을 교과서에 다시 적어

보면 총정리하기에 아주 좋다.

영어 | 나만의 자습서를 만든다

영어도 국어와 비슷하다. 대신 본문이 길지 않으니 문단 맞추기는 하지 않는다. 교과서를 복사해 노트에 붙이는데, 여백을 충분히 두어야 한다. 그림을 잘라내면 교과서 한 쪽 분량이 노트 반 쪽 정도 되므로 적당하다.

먼저 모르는 단어, 숙어를 공부하고 본문을 읽으며 해석을 해본다. 해석을 노트에 모두 적을 필요는 없으며, 헷갈리는 부분에만 내가 생각하는 해석을 연필로 적어둔다. 해석이 적힌 부분은 특히 수업을 살 들어야 한다는 표시가 된다(궁금해서 못 참겠다면 자습서를 참고하자).

개학 후에는 노트를 교과서 대용으로 쓰면서 수업 중 필기를 모두 노트에 하고, 깨끗한 교과서는 시험공부 최종 정리용으로 사용한다. 국어와 영어 모두 이렇게 노트에 본문을 붙여 필기하면 나만의 자습서가 만들어지는 셈이다.

수학 | 개념 이해와 기본문제 풀이를 한다

수학 공부를 혼자서는 못한다고 생각하는 이유는 어려운 문제에 기가 죽어서다. 하지만 스스로 하는 선행학습에서는 개념 이해와 기본문제 풀이 정도만 해도 훌륭하다. 두 가지 모두 보통의 이해력을 가진 중학생이면 누구나 할 수 있다.

수학만큼은 교과서보다 문제집이 공부하기에 편리하다. 문제가 다양하고 많기 때문인데, 그렇더라도 교과서의 개념 설명과 기본문제를 먼저 공부한 후 문제집으로 넘어가자. 문제집의 개념 설명은 교과서의 설명으로 충분하지 않을 때만 보면 된다. 문제를 풀다 보면 자연스럽게 개념이 이해되는 경우가 많으니 개념 이해가 안 되었다고 해서 문제 풀이를 미룰 필요는 없다. 문제를 먼저 풀고 개념 설명을 다시 읽어보아도 좋다.

선행학습 때는 개념 이해와 기본문제 풀이로 간단히 하고 응용문제, 연습문제 등은 개학 후 복습을 할 때 풀도록 하자.

사회, 과학 | 단원별 핵심 용어를 활용해 개념 정리를 한다

사회, 과학은 핵심 용어 이해가 중요하다. 특히 과학은 원리, 법칙 안에 공식과 주요 개념이 모두 포함되어 있어 교과서에 두꺼운 글씨로 표시된 내용만 제대로 공부해도 훌륭한 선행학습이 된다.

노트를 한 권 마련해서 단원명을 적고 그 단원에 나오는 두꺼운 글씨로 된 핵심어들을 모두 옮겨 적는다. 다음으로 핵심어의 뜻을 적는데, 인터넷 검색이나 사전 찾기를 하지 않는다. 교과 내용에 해당하는 핵심어의 가장 정확한 뜻은 그 핵심어 앞뒤에 설명되어 있기 때문이다. 핵심어 앞뒤의 내용을 정리하는 것으로 개념 정리를 하는 것이다. 단순하지만 학습 효과가 뛰어나다. 단어의 뜻을 적다 보면 적절한 설명을 위해 예가 필요하기도 하고 앞에 설명한 관련 용어를 언급할 때도 있는데, 그러면서 중요한 내용을 기억하게 된다.

노트는 단원이 끝날 때마다 한 쪽씩 여백을 두자. 개학 후 수업 시간에 추가 필기 공간으로 활용할 수 있다.

수학은 다음 학기 진도를 전부 끝내지 못해요

큰딸은 외고 1학년에 다니고 있습니다. 중학교 내내 사교육 없이 공부를 했어요. 중1 초반에는 학원에 다니기도 했는데 숙제가 많고 힘들어해서 일찌감치 그만두었고요. 그래서 집에서 공부를 시켰습니다.

평소에는 학교 진도에 따라 공부를 하면 되니까 그럭저럭 넘어갔는데 방학이 문제였습니다. 특히 수학은 모든 아이들이 학원을 다니며 선행학습을 하니까 딸아이도 걱정이 되는 모양이었습니다. 학원은 가기 싫다고 해서 문제집을 사다가 조금씩 풀게 했어요. 모르는 것은 엄마 아빠가 조금씩 가르쳐주면서요.

게으름 피우지 않고 매일 한다고 했는데도 진도는 많이 나가지 못했습니다. 개학이 다가오는데도 절반도 하지 못했어요. 그래도 억지로 많이 풀게 해서는 안 될 것 같아 그냥 풀던 속도대로 풀다가 학교에 갔습니다. 그리고 뒷부분은 개학 후에도 계속 풀어나 갔어요. 매일 학교에서 배운 만큼 복습도 해야 하니 그만큼 공부 분량이 늘어난 것이지요. 그래도 먼저 공부한 부분은 수업을 들을 때 훨씬 이해가 잘된다고 했습니다. 시험 성적도 학원에서 선행학습을 하던 때보다 훨씬 잘 나왔어요.

그 이후에는 계속 방학마다 스스로 선행학습을 했습니다. 특히 여름방학은 짧고 더워서 진도를 더 못 나가요. '수학은 절반만 해도 성공이다'라는 생각으로 부담 없이 시작하세요. 나머지는 개학 후에 계속 풀어나가면 됩니다. 예습 효과도 있어서 오히려 더 좋습니다.

32

만만치 않은 방학 숙제,
어떻게 도와줄까?

아이들의 방학 숙제라 해서 결코 쉬운 것은 아니다. 스스로 한다는 것은 숙제에 필요한 질적인 고민을 스스로 한다는 것일 뿐, 실천 방법이나 계획을 세울 때는 어른들의 도움이 필요하다. 대신 해주는 것은 삼가되 아이 스스로 시도해볼 수 있도록 환경을 만들어주도록 하자.

매일 해야 할 숙제들은 실천 목록을 만들자

방학 중 한두 번만 하면 되는 숙제가 있는가 하면 매일 해야 할 숙제도 있다. 영어 일기와 독서, EBS 방송 청취 등이 대표적인데, 이 숙제들은 매일 시간을 정해 하는 것이 좋다. 밀리지 않기 위해서기도 하지만 방학 중의 생활 리듬을 규칙적으로 이끌기 위해서기도 하다.

방학 숙제의 정해진 분량대로라면 방송 청취는 매일 하지 않아도 될 것이지만, 공부도 할 겸 수강 과목을 늘려 매일 할 수 있도록 계획을 세우는 것도 좋은 방법이다.

식사 후 30분은 독서, 월·수·금요일 오후 4시는 EBS 영어, 화·목요일 4시는 EBS 수학, 자기 전 30분은 영어일기. 이렇게 매일 실천할 목록을 만들어두면 안정적이다. 표를 만들어서 실천 여부를 O, X로 표시하면 재미도 있다.

	7/28	7/29	7/30	7/31	8/1	8/2	8/3	8/4	8/5	8/6	8/7	8/8	…
점심 후 30분 독서													
4시 EBS 영어 (월·수·금)													
4시 EBS 수학 (화·목)													
저녁 후 30분 독서													
자기 전 30분 영어일기													

매일 1~2시간 방학 숙제를 하는 시간을 정하자

방학 숙제를 미루는 아이들의 공통점은 숙제를 펼쳐보지 않는다는 점이다. 그저 말로만 "책 읽고 쓰는 거랑 탐구보고서는 그냥 하면 되고, 체험학습만 두 번 갔다 오면 돼" 한다.

방학 숙제를 밀리지 않고 하려면 자주 들여다보고 숙제를 인지해야 한다. 매일 1시간 정도 방학 숙제를 하는 시간을 정해보자. 보통 저녁 먹고 잠들기 전인 저녁 7~9시 무렵이 적당한데, 가족이 모두 집에 있는 시간이니 함께 아이디어를 내고 도움을 받기에 좋다. 주말에 미술전을 다녀왔다면 월요일 숙제시간에는 견학문을 쓰면 된다. 특별한 일이 없더라도 그 시간이 되면 "오늘은 무슨 숙제를 할까?" 하고 찾아보며 숙제를 인식하게 되니 좋다.

어려운 숙제는 모범 예를 참고하자

아이들이 어려워하는 숙제는 존경하는 인물 인터뷰, 과학 탐구보고서, 가계도 그리기 등 작업의 범위가 넓은 것들이다. 부모 세대에는 해보지 않은 숙제들이라 도와주기도 쉽지는 않다. 그럴 때는 모범 예를 참고하자. 인터넷 검색을 해보면 도움이 되는 자료들을 쉽게 찾을 수 있는데, 심지어 'OO중학교 A$^+$ 받은 탐구보고서'가 돌아다니기도 한다. 분명 그대로 출력해 제출하는 아이들도 있을 것이다. 하지만 선생님들이 모를 리 없다.

예시 베끼기를 방지하려면 예시를 보며 사진은 어떻게 붙이고, 설명은 어떻게 썼는지 감을 잡은 후 '나는 이 사진을 붙여야지', '나는 교과서에 있는 주제로 해야지' 등 아이디어를 내는 과정까지 엄마, 아빠가 함께 해주는 게 좋다. 이 과정을 넘기지 못한 아이들은 본 대로 따라 하기 때문이다.

독서록, 체험학습보고서, 기행문 등은 기록 양식을 만들어주자

체험학습을 다녀와서 느낀 점을 쓰라고 하면 아이들은 '즐거웠다' 한 줄 써놓고 만다. 이럴 땐 무엇을 써야 할지 살짝 힌트를 주자. 독서록이라면 날짜, 읽은 책 제목, 등장인물 소개, 줄거리 요약 등으로 책에 대해 전반적인 환기를 한 뒤에 느낀 점을 쓸 때도 재미있었던 점, 마음에 안 들었던 점, 고쳐보고 싶은 내용, 주인공에게 하고 싶은 말 등을 느낀 점으로 쓰도록 도와주면 쓸 말이 많아진다.

체험학습보고서나 기행문 등도 마찬가지다. 아이의 생각이 돋보일 수 있도록 중간중간에 소제목을 달게 하자. '승현이 가족, 속초에 뜨다'와 같이 재미있는 제목을 붙여 표지를 만들면 훨씬 깔끔하다.

아무리 느낀 점이 많아도 백지에 내 생각을 적는 일은 쉽지 않다. 무엇을 써야 하는지 양식을 갖추어주면 그에 따라 생각을 구분하고 확장할 수 있다.

| 독서 기록 양식의 예 |

<table>
<tr><td colspan="2" align="center">독서기록장</td></tr>
<tr><td>책 제목</td><td>출판사</td></tr>
<tr><td>저가/글:</td><td>역자/그림:</td></tr>
<tr><td>다 읽은 날   년   월   일</td><td>기록한 날   년   월   일</td></tr>
<tr><td>등장인물 소개</td><td>줄거리 요약</td></tr>
<tr><td>재미있었던 점</td><td>주인공/저자에게 하고 싶은 말</td></tr>
<tr><td>마음에 안 들었던 점</td><td>알게 된 점</td></tr>
<tr><td colspan="2">마음에 남는 구절</td></tr>
</table>

체험활동보고서

제목		장소
활동기간	년 월 일 ~ 년 월 일	
함께 한 사람들		
사전 조사내용		

느낀점	알게된점

관련교과/단원	관련내용

사진

33

개학 준비

마무리가 흐지부지하면 시작도 온전할 수 없는 법. 방학 내내 놀던 학생은 개학 후에도 겨우 등교 시간을 맞춘다. 개학 첫날부터 야무지게 공부를 시작하려면 일주일 전부터 탄력을 붙여 놓아야 한다. 일찍 일어나 아침밥 먹는 것부터 생활을 다듬자. 개학 전에 끝마칠 수 있는 것부터 방학 공부를 하나씩 마무리한다면 학습 분위기가 자연스럽게 개학 이후까지 연결될 것이다.

학원에 계속 다닐지를 점검하자

방학 동안 많은 아이들의 생활과 공부를 지배하는 것은 사교육이다. 학원 수강 시간에 따라 하루 일정이 맞춰지고 자율학습은 학원 숙제로 채워진다. 개학을 하면 학교로 기준이 옮겨질 것이므로 모든 일정을 학교생활에 집중할 수 있도록 조절해야 한다.

가장 중요한 점검 대상은 사교육이다. 교과 선행학습을 위해 방학 동안 학원을 다녔다면 개학 후에는 학교 수업 진도에 따라 스스로 공부하는 것이 현명하다. 교과 공부와 무관한 사교육이라면 주말로 시간을 옮기고, 다음 방학 전까지 쉬는 것도 좋다. 학교에서 돌아와 스스로 공부할 시간이 충분해야 복습도 하게 되고 내 공부를 조직하는 습관도 생기기 때문이다.

흐트러진 생활습관을 바로잡자

매일이 휴일 같은 방학 중에는 '아무 때나' '시간 나면'이라는 생각이 들기 쉽다. 참고서 사기나 친구 만나기, 틀린 문제 고치기 등 모든 일을 기분 날 때 하면 그만이기 때문이다. 그러한 생활에 익숙해지면 '해야 되는데' 하는 부담을 느끼면서도 불편한 게으름을 은근히 즐기게 된다.

개학 후 하루가 빠듯해지면 아이들은 내가 원하는 만큼 여유시간을 쓸 수 없다는 사실에 답답해한다. 요일별로 챙길 것과 제출할 것, 기억할 것이 많다 보니 하루를 멍하니 보내기도 한다. 친구에게 빌리고 적당히 혼나며 때우는 것이다. 아무리 사소한 일이라 해도 '학원에 가면서 서점 들러야지', '점심 먹고 20분 동안 해야지'와 같이 구체적인 행동을 계획하도록 지도하자. 이 작은 습관으로도 생활관리가 가능하다.

또 하나 바로잡아야 할 것은 취침과 기상 시간이다. 방학 동안 늦게 자고 늦게 일어나는 생활이 몸에 뱄을 것이다. 일찍 일어나기 위해서는 일찍 자야 한다. 일찍 일어나야 하는 학교생활에 적응도 해야 하지만, 더욱 중요한 이유는 취침 시간이 뇌의 성장 시간과 관계되기 때문이다. 뇌 활동이 활발한 시간은 밤 10시부터 오전 6시 사이다. 새벽 1~2시에 자는 것이 일상이라면 그만큼 뇌 성장을 억눌렀다는 얘기다. 이러한 수면 주기가 수년 반복되면 뇌의 질에 차이가 생기며 결국 사고력, 학습 능력, 성적의 차이로 연결된다. 그러니 수면 시간은 꼭 바로잡자.

목표한 방학 공부, 개학 후까지 이어가자

방학 동안 하기로 한 공부를 완전히 끝낸 학생은 많지 않을 것이다. 시작부터 삐거덕하여 안 하다시피 했다면 아쉬울 것이 없지만, 한다고 했는데 기대에 못 미쳤다면 속이 상한다.

목표한 공부를 마저 못했다면 방학이 끝나간다고 해서 지레 포기해서는 안 된다. 개학이 다가오면 오히려 마감 효과를 노려야 한다. 며칠이라도 매일 공부를 하면 공부 분량을 채울 수 있을 뿐만 아니라 공부 리듬을 회복할 수 있어 좋다. 개학을 하더라도 첫 주는 이런저런 공지와 청소, 자리 배치 등으로 진도를 많이 나가지 않을 것이므로 복습의 부담도 적다. 그 사이에 있는 주말까지 더하면 방학 공부를 보충할 시간은 적지 않다. 그 후에도 남은 공부가 있다면 분량을 줄여 매일 조금씩이라도 이어나가도록 격려하자.

늦더라도 포기하지 않는 것이 중요하다. 힘겹게 이루어낸 공부일수록 성취감도 크다. 목표한 공부를 끝내며 성취감을 맛보는 경험은 학습 동기를 더욱 자극한다. 보다 만 책들이 쌓이지 않도록 하자.

실천 목록을 만들자

마음속으로 개학 후 생활을 상상해보는 것은 상당히 유익한 개학 준비다. 아이와 함께 아침부터 잠들기 전까지 꼭 지켜야 할 실천 사항은 무엇일지 목록을 만들어보자. 더욱 구체적인 동기부여가 된다.

- 알람이 울리면 꾸물거리지 않고 일어난다.
- 매일 아침밥은 꼭 먹는다.
- 한동안 쉰 아침 공부도 다시 시작하자(이틀에 한 번이라도).
- 여유 있게 등교해 아침부터 허둥대지 않는다.
- 등교 직후에는 영어단어 복습을 한다.
- 다음 시간의 수업이 무엇인지 먼저 확인하고 책과 노트를 챙긴다.
- 읽을 책을 가지고 다니며 틈이 나는 대로 읽는다.

● 집에 돌아오면 숙제부터 끝낸다.

● 잠들기 전에 책가방, 준비물, 체육복 등 다음 날 등교 준비를
끝낸다.

● 학교를 가지 않는 토요일이나 공휴일에는 어떻게 시간을 활
용할지 계획한다.

‘우리 아이에게 사교육이 정말 효과가 있을까?’ 많은 부모들이 이런 궁금증을 품으면서도 ‘다들 보내는데 우리 아이만 안 보내면 안 되지’ 하는 막연한 불안감에 아이들을 사교육 시장으로 내몰고 있다. 사교육의 기능과 한계를 살펴보고 학원을 선택할 때 고려해야 할 사항, 인터넷 강의와 과외를 활용하는 방법 등 사교육을 효과적으로 활용하는 방법을 알아본다.

Part 5

사교육이라는 학습 도구 현명하게 활용하기

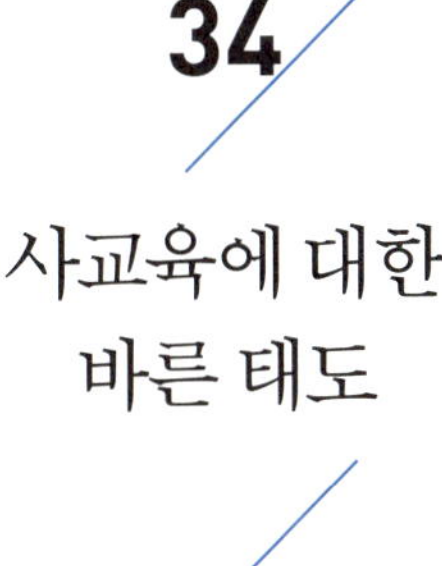

34

사교육에 대한
바른 태도

사교육은 돈 내고 누리는 교육 서비스에 불과하다. 헬스클럽에 등록했다고 해서 자동으로 운동이 되지 않듯, 학원에 다닌다고 해서 자동으로 공부가 되는 건 아니다. 물론 돈을 냈다고 해서 엄마가 해야 할 공부 조력자의 역할이 없어지는 것도 아니다. 사교육의 기능과 한계를 제대로 이해하자. 필요에 따라 이용하되 엄마가 무엇을 도와야 할지 야무지게 살펴야 한다.

모든 교육에는 사람이 필요하다

수영이나 테니스를 처음 배운다고 생각해보자. 라켓을 사고 수영복을 샀다고 해서 저절로 실력이 쌓이지 않는다. 누군가 가르쳐 주는 사람이 필요하다. 혼자 연습하는 것도 바른 자세부터 기본

기술 정도는 몸에 익어야 가능한 일이다.

공부도 이와 비슷하지 않을까? 자기주도학습이 필요하고 중요하다고는 하지만 이제 막 중학생이 되어 모든 것이 서툰 상황에서 혼자 공부를 하는 것은 대단히 비효율적이다. 엄마든 선생님이든 조력자가 필요하다.

학습 내용을 설명하는 것은 해답지나 인터넷 강의의 도움을 받을 수 있다. 그러나 해답지나 인터넷 강의만으로는 온전한 학습 도움이 어렵다. 즉 눈을 맞추며 손가락으로 책의 여기저기를 짚어줄 수 있는 '사람'이 필요하다. 사람은 복잡한 동물이다. 공부하기 싫은 날도 있고, 모르는 문제가 계속 나와 자신감이 떨어질 때도 있다. 그렇기에 조력자는 학생의 마음을 다독이는 역할까지 해야 하는 것이다.

사교육에 대한 근본적인 욕구는 바로 여기서 출발한다. 공부가 어려워지고 엄마들이 바빠지면서 그 욕구는 더욱 간절해졌고, 자본주의 사회에서 사람을 쓰는 일이니 당연히 돈이 오갈 수밖에 없다. 그래도 어쩔 수 없다. 어떤 형태든 교육에는 사람이 필요하니까. 엄마들은 오늘도 고민한다.

'우리 아이를 잘 가르쳐줄 사람, 어디 없을까?'

상품이 되어버린 사교육

그런 의미에서 사교육은 필요하다. 학교에서 내 아이에게 맞는 교육이 섬세하게 이루어지지 못하니 사교육으로 보완하면 아이에게도 유익한 일이다.

하지만 지금의 사교육은 사교육이 해내야 할 역할에는 관심이 없다. 한 명씩 그 아이에게 맞는 교육을 하는 건 번거롭기만 하고 돈 되는 일이 아니기 때문이다. 오히려 학교에서 배우는 것을 똑같이 한 번 더 가르치며 선행학습이라는 우월감을 주는 것에 치중하고 있다. 그래서 결국 아이들은 학교를 두 번 다니는 꼴이 되어버렸다.

테니스나 수영을 어느 정도 배워 기본기가 몸에 익고 나면 그다음은 혼자 연습하는 게 재밌다. 강사를 만나기는 하지만 예전처럼 전적으로 의지하지 않고, 스스로 해보며 잘 안 되는 부분은 집중적으로 지도받거나 더 어려운 기술을 배운다. 제대로 된 사교육이라면 이런 과정이 보여야 한다.

공부를 어떻게 하는지 몰라 학원의 도움을 받기로 했다면 점점 스스로 할 수 있는 부분이 늘어나야 한다. 학원에서 학습 태도나 공부 방법 등 기본기를 잘 다졌다면 새로운 진도를 나가더라도 아주 어려운 내용이 아니라면 선생님 없이 혼자서도 할 수 있어야 한다. 하지만 아이들은 사교육을 하면 할수록 질문도 혼자 하려는 의욕도 없어진다. 그렇다면 돈을 내면서까지 사교육에 매달릴 이유가 없다.

학원을 왜 보내려 하는가

왜 그럴까? 학원은 월세를 내고 선생님 월급 주기에 바쁘기 때문이다. 눈을 맞추고 책 여기저기를 손가락으로 짚어가며 가르치는 '사람'이 해야 할 역할에 관심을 둘 겨를이 없는 것이다. 먹고사는 문제는 현실이니 학원을 탓할 수만도 없는 노릇이다. 그래서 엄마들은 판단을 잘해야 한다.

학원을 왜 보내려 하는가?

아이가 집에만 있는 게 불안한가? 학교에서 돌아온 후 엄마 아빠가 퇴근할 때까지 아이가 안전하게 있을 곳이 필요해선가? 그렇다면 학원에 보내자. 그러나 일단 학원에 보내면 자기주도학습 능력이 향상되기를 바라거나 학원비가 비싸다는 투정을 부려서는 안 된다.

학교 공부를 더 잘하기를 바라서 학원을 보내는가? 그렇다면 아이와 함께 공부하며 예습과 복습 습관을 가르치고 문제집 활용하는 방법을 알려주자. 엄마가 귀찮아서 싫다고? 그게 엄마의 역할인데, 어쩌랴.

다시 말하지만, 교육은 사람을 통하지 않고는 성공할 수 없다. 핸드폰 요금 내듯 돈으로 간단히 해결할 수 없다는 말이다. 아이가 공부를 잘해서 수준 높은 교육이 필요한가? 그렇다면 사교육이 필요할 수도 있겠다. 하지만 내 아이의 학습 욕구와 방향, 수준에 맞게 교육해줄 수 있는 학원을 잘 골라야 한다. 집 근처에 그런 학원이 없다면 과외 선생님을 알아보는 게 낫다.

아쉽지만, 엄마들이 원하는 '성적이 쑥쑥 오르면서 스스로 공부할 수 있도록 공부 습관까지 잡아주는' 학원은 없다. 광고는 모두 그렇게 하지만 결과는 그렇지 않다. 이유가 어떻든, 사교육은 아쉬움을 감수하고 시키는 수밖에 없다. 그 아쉬움을 '다들 하니까 뭐' 하는 안도감으로 덮어버려서도 안 된다. 사교육의 부족한 점을 늘 인식해 엄마가 해야 할 '사람'의 역할을 최대한 해내도록 노력해야 한다. 돈 내는 대가로 엄마의 역할까지 학원에 미루려는 마음을 버리자.

학원 공부에 대한 바른 생각을 심어주세요

분당에서 수학, 과학 전문 학원을 운영하는 박 원장입니다. 우리 학원은 이 지역에서 20년 가까이 됐어요. 엄마들 사이에 신뢰도 많이 쌓였고요. 운영이 안정된 편이죠.

나름 잘 굴러가는 학원이지만 그래도 학원의 굴레는 벗을 수 없어요. 다양한 내용을 가르쳐주고 싶어도 학교 수업이나 시험을 따라가지 않을 수 없으니 욕심만큼 되지 않아요. 방학 때는 선행학습을 해야 하고, 학기가 시작되면 심화문제를 풀어야 하고, 한숨 돌릴 만하면 중간고사 시작되잖아요. 3~4주 전부터는 기출문제, 예상 문제 푸느라 정신없어요. 시험 끝나면 또다시 학교 진도 맞춰야 하고요. 이렇게 커리큘럼이 빡빡하다 보니 학원에서 공부 습관까지 만들어주기는 어려워요. 아이들이 스스로 공부하는 시간이 필요할 것 같아 수업 전후에 한 시간씩 자습을 하라고도 해봤는데 그 시간은 다 빼먹더라고요. 가르치는 것도 없으면서 왜 애들을 붙잡고 있느냐고 항의하는 엄마도 있었어요.

엄마들도 예전보다는 의식이 깨인 분들이 많아졌지만 그래도 부족하지요. 다들 '돈 냈으니 알아서 다 해줘라' 하는 관념이 깔려 있어요. 학원 선생님을 학교 선생님보다 좀 무시하는 경향도 있고요. 그런 집 아이들은 틀림없이 예의가 없어요. 공부도 대충 하고요. '내 돈 내고 하는 공부'라고 쉽게 생각하면 아무것도 못 배우거든요. 엄마들이 아이들을 위해서라도 학원에 대한 바른 생각을 가졌으면 좋겠어요. 아이들은 부모님의 태도를 그대로 따라 하니까요.

35

어떤 학원이
좋을까?

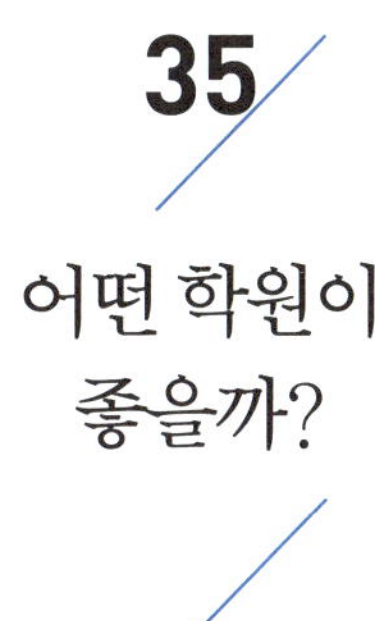

학원을 선택할 때 가장 먼저 고려해야 할 사항은 '내 아이와 잘 맞는가'이다. 학원의 운영 방식이 아이에게 맞지 않을 수도 있고, 선생님이 아이와 맞지 않을 수도 있기 때문이다. 그 지역에서 오랫동안 신뢰를 받아온 학원을 선택하되 직접 방문해서 원장님과 아이를 가르칠 선생님을 만나보자. 학원 주변의 환경은 물론 전체적인 분위기를 살펴 편안하고 즐거운 학원인지도 확인해야 한다.

아이의 성향을 고려하자

그 동네 아이들이 많이 다니는 대형 학원이라고 해서 내 아이에게도 좋은 건 아니다. 큰 학원이니 선생님들도 많고 프로그램도 다양하며 아는 친구들도 많아 선택에 부담이 없기는 하지만, 큰 학원들은 대부분 수준별로 반을 나누어 수업을 한다. 반 편성을 위해 매월 시험을 보기도 하는데, 아이들은 그 '월평'('월말 평가'의 준말)을 학교 시험처럼 중요하게 여긴다.

기질상 경쟁심이 학습 동기를 자극하는 아이들도 있다. 그냥 열심히 하는 것보다 점수로 내 수준을 확인하며 구체적인 목표의식이 생기는 아이다. 하지만 그렇지 않은 아이라면 이러한 학원 시스템은 그 자체로 스트레스가 된다. 선생님께 혼날까 봐 교실에 들어가지 못하고 학원 건물 계단에 앉아 숙제를 하는 아이가 있는가 하면, A반에서 B반으로 떨어졌다고 우는 아이도 있다. 어느 정도의 긴장감은 필요하지만 아이가 학원에서 하는 공부보다 학원 다니는 것 자체에 더 신경을 쓰고 있다면 학원 선택을 다시 하는게 좋다.

수십 년간 함께 산 부부도 성격 차이로 이혼을 하지 않는가. 성격 차이는 의지나 시간으로 극복할 수 있는 게 아니다. 학원과 아이의 성격이 맞지 않다면 아무리 크고 유명한 학원이라도 내 아이에게는 소용이 없다.

아이들 표정, 선생님 표정을 살피자

학원 선택을 고려할 때 엄마들이 가장 신뢰하는 정보는 이웃 엄마들의 '증언'이다. 아주 친하지 않으면 같은 학년 엄마들에게 묻기가 쉽지 않으니(엄마들은 내 아이와 경쟁하는 아이에게 학원 정보가 노출되는 것을 극히 꺼린다) 선배 엄마들의 조언을 듣는 것이 좋다. 그래도 남의 말만 듣고 내 아이가 다닐 학원을 선택할 수는 없는 일이니 '엄마 통신'을 통해 두 곳 정도 후보를 정하고 직접 찾아가보자. 학원의 분위기를 파악하는 데 전화 상담은 한계가 많다.

학원에 가면 원장 내지 부원장과 상담을 하게 된다. 큰 학원에는 학부모 상담만 담당하는 실장 선생님도 있다. 누구와 상담을 하든 커리큘럼은 비슷비슷할 테니 적당히 들으면 된다. 엄마들이 초점을 두어야 할 것은 학원에서 풍기는 분위기다. 이것을 파악하려면 엄마들 특유의 '촉'을 발휘해야 한다. 학원에 가는 길과 학원의 주변 환경은 물론 학원의 청소 상태는 어떤지, 벽에는 어떤 게시물이 붙어 있는지, 화장실은 위험하거나 불편하지 않은지 등 스치듯 지나가며 이것저것을 유심히 살피자.

무엇보다 중요한 것은 학원에 있는 사람들의 표정이다. 선생님과 아이들 사이가 편안하고 즐거워 보이는지, 선생님들이 수업하는 어투는 어떤지, 쉬는 시간에 아이들은 무얼 하는지, 내 아이가 저 아이들 속에서 공부를 해도 괜찮겠는지 등을 관찰하자. 이 모든 걸 포함해 상담하는 내내 편안하고 즐거웠다면 그 학원은 좋은 학원이다. 그렇지 않다면 다른 학원을 알아보자.

신설 학원보다 그 지역에서 신뢰받는 학원이 좋다

요즘은 학원도 프랜차이즈 시대다. 교육열 높은 동네에서 크게 성공한 학원이 여기저기 분원을 내다가 아예 가맹 학원을 모집해 전국으로 뻗어나간다. 이름 있는 학원이 집 근처에 개원을 한다니 엄마들은 학원 구경도 할 겸 설명회와 공개 강의에 참석한다. 텔레비전에서도 몇 번 본 본원 원장이 학원 커리큘럼을 설명하고 EBS 강사급의 대표 강사가 공개 강의를 하니 당장이라도 아이를 보내고 싶은 마음이 들 수밖에 없다. 시설과 인테리어도 동네 학원과 비교할 바가 아니다.

하지만 학원은 치킨집이 아니다. 치킨은 본사에서 보내준 식재료에 본사에서 교육받은 방법대로 조리를 해서 전국 어디나 같은 맛이 나겠지만, 학원은 그렇지 않다. 본원과 똑같은 교재를 쓰고 본원에서 교육한 선생님들을 파견한다지만, 성공한 본원처럼 똑같은 효과가 나타나지는 않는다. 교육의 핵심은 사람이기 때문이다. 가르치는 사람도 배우는 사람도 본원과는 다르다.

그러니 집 근처에 그럴듯한 새 학원이 문을 열었다고 해서 덜컥 등록하지는 말자. 물론 처음에는 수강료 할인, 교재비 무료 등 여러 가지 혜택들이 있다. 그래도 한 학기 정도는 지켜보자. 아무리 경력이 많은 원장이라 해도 처음 학원 문을 열면 여러 가지 시행착오를 겪을 수 있다. 학생 모집과 선생님 관리, 엄마들과의 기싸움, 운영자금 확보 등 그 지역에서 괜찮은 학원으로 인정받기 위해서는 시간이 필요하다.

이미 그러한 과정을 다 거쳐 오랫동안 신뢰를 유지하는 학원이 있다면 그 학원을 선택하는 것이 현명하다. 우리 아이가 유치원 다닐 때 동네 중학생들이 많이 다녔고, 원장이 바뀌지 않고 정상적인 운영이 계속되고 있다면 선택해도 좋다. 오랫동안 그 자리에서 아이들을 가르치며 인근 중학교의 기출문제며 출제 경향 등을 학교 선생님들보다 더 잘 알고 있을 테니 말이다.

직장맘이라 주변 엄마들과의 의사소통이 어렵습니다

Q 교육 정보는 엄마들 사이에서도 고급 정보에 속한다지요. 아주 친한 사이가 아니면 어떤 학원이 좋은지, 어느 설명회를 가야 하는지 알려주지를 않습니다. 저는 직장맘이라 더욱 어려워요. 다른 엄마들은 마트나 공원에서 마주치면 잠깐이라도 수다를 나누는 모양인데 저는 그 틈에 낄 수가 없어요. 아이가 중학생이 되어 중학교 수학을 잘 가르치는 학원을 찾고 있는데, 어디가 좋은 학원인지 모르겠습니다. 그냥 학원 간판만 보고 보낼 수도 없는 노릇이고요. 이럴 때는 일하는 엄마라는 게 정말 미안합니다.

A 걱정하지 마세요. 학원 정보는 엄마들만큼 아이들도 많이

알고 있습니다. 직장맘의 아이들은 뭐든 혼자 알아서 하는 게 몸에 배어 있어요. 엄마가 도와주지 못한다고 별로 서운해하지도 않습니다. 친구들에게 물어보라고 하세요. 아이들끼리는 어느 학원이 비싸고 어느 학원의 선생님이 불친절한지, 어느 학원이 숙제를 많이 내주는지 가감 없이 이야기하거든요. 아이의 이야기를 들은 후 두 곳 정도 아이와 함께 상담을 가보세요. 학원은 주말이나 밤늦게까지도 수업을 하니 직장맘도 상담 시간을 잡기에 어렵지 않을 겁니다. 정 어려우면 하루 정도는 반차를 내시고요. 직접 학원에 가본 후 아이와 이야기를 나누어보면 어느 학원에 가야 할지 답이 나올 겁니다.

36

예체능 학원은
당연히 그만둔다?

도끼 가는 시간이 아까워 계속 나무를 베면 힘만 빠지고 나무는 베어지지 않는다. 예체능 활동은 도끼를 갈며 날을 세우고 힘을 비축하는 것과 같다. 공부가 어려워지고 많아질수록 집중력이 더욱 필요하며, 날 선 집중력을 위해서는 집중적이고 생산적인 휴식이 필요하다. 공부해야 하니 예체능 학원을 끊는다는 것은 위험한 생각이다.

예체능 교육의 효능

중학교 입학과 동시에 당연한 듯 피아노, 태권도, 수영, 미술 등의 예체능 학원을 그만두는 아이들이 많다. 요즘은 그 시기가 당겨져 초등학교 5, 6학년만 되어도 끊는다. 예비 중1반 학원 시간표에 맞추다 보면 다른 학원에 다닐 겨를이 없기 때문이다. 엄마들은 '전공할 것도 아니고, 중학교에 가면 어차피 못할 텐데'라는 생각에 크게 신경 쓰지 않는다. 아이들은 엄마 생각을 따라가게 되어 있어 그냥 끄덕끄덕 동의한다.

하지만 예체능 교육의 효능은 매우 구체적이며 강력하다. 예체능 활동은 다른 활동 영역, 즉 공부와 인간관계, 문제 해결 등을 더욱 잘하게 만든다.

스포츠 활동은 운동 기능 이외에도 전술, 체력, 문제 해결 능력, 팀워크, 타인 배려, 리더십, 자기관리, 신체 가치 판단 능력 등 다양한 역량을 자연스럽게 기르게 해준다. 영국의 체육 교과과정에서는 창의성 함양을 체육 교육의 핵심 목표로 둔다. 스포츠는 효율적이고 효과적인 결과를 내기 위해 기법, 전술 및 구성적 아이디어를 탐색하고 그것을 직접 실행하는 데 가장 효과적인 방법이라는 것이다. 악기 연주 등의 음악 활동은 교감 능력, 정보처리 능력, 표현력, 성찰, 정서 발달에 매우 유익하다. 음악을 통한 긍정적인 상호 교류는 학습자의 능력을 계발하고 자존감을 향상시킨다. 미술 활동은 안목의 계발, 사물의 다양성 이해, 관찰력, 연관성 형성 등의 효과를 낸다. 컬럼비아대 티처스칼리지 명예교수인 맥신 그린은 미적 교육의 목적을 "의미를 추구하는 신선한 지향성"이라고 했다. 이는 미술 교육이 일상성과 상투적인 반응에서 벗어나는 힘, 사물의 다양성과 형식을 이해하는 능력, 경험과 자유의 확대를 가능케 한다는 의미다. 어느 하나 공부하는 데 도움이 안 되는 게 없다. 그래서 공부가 어려워지고 많아질수록 예체능 활동이 필요하며, 선진국의 명문 학교들이 예체능 활동을 강조하는 이유도 그 때문이다.

사춘기 아이들에게 예체능 활동이 무엇보다 큰 의미가 있는 것은 스트레스를 해소하는 매우 건강한 통로가 되기 때문이다. 감정의 기복이 심한 데다 여러 가지 해결해야 할 문제들이 쏟아지는 이 시기에 아이들은 작은 일에도 쉽게 휘청거린다. 평소 즐겨 하던 예체능 활동이 있다면 운동장으로 나가거나 기타를 튕기며 그 문제에서 잠시 벗어난다. 스스로 스트레스 대처 방법을 터득하는 셈이다.

예체능 활동과 성적

예체능 활동은 분명 아이의 정서와 폭넓은 능력을 발달시키는 데 영향을 준다. 인생을 풍요롭고 멋있게 만드는 데도 기여할 것이다. 하지만 엄마들은 묻고 싶을 것이다.

"예체능이 밥 먹여주나요?"

"예체능 하면 공부도 잘하나요?"

대답은 당연히 "그렇다"이다.

우리나라 고등학생들을 대상으로 연구한 결과를 보면 체력지수가 상위 10%인 학생들의 평균 성적은 50.35인 데 비해 체력지수가 하위 10%인 학생들의 평균 성적은 38.14에 그쳤다. 김진성

하나고 교장은 예체능 활동의 효용에 대해 이렇게 말했다.

"공부하는 시간보다는 얼마나 집중하느냐가 중요해요. 집중력과 효율성을 위해 쉼이 필요하죠. 우리 교육의 문제점이 학생들이 쉬면서 할 게 없다는 점이에요. 운동, 연주, 창작품 만들기 등 개인별로 목표를 설정하고 그 목표에 매진하는 것도 중요합니다. 또 이러한 활동을 통해 학업과 잠깐 거리를 둠으로써 공부를 더 효율적으로 할 수 있습니다."

자발적이고 능동적인 예체능 활동은 인간이 가진 모든 능력에 긍정적인 영향을 미친다. 당연히 학습 능력 향상에도 기여한다. 예체능 활동을 즐기는 아이들은 그냥 공부만 했을 때보다 집중력이 좋아졌다고 말한다. 게임을 하거나 텔레비전을 볼 때는 단순한 자극에 반응만 하게 되는 반면, 예체능 활동을 할 때는 직접 뭔가를 해야 하고 그것이 소리나 움직임, 그림 등에 반영되어 연속적으로 창조 과정이 이루어진다. 이를 통해 아이들은 생산적인 집중을 경험하며, 그렇게 익힌 집중의 방법을 공부할 때도 자연스럽게 사용한다. 스스로 터득하지 않고는 알 수 없는 몰입의 즐거움이다.

억지로 그만두게 하지 말자

초등학교 때 아이들은 가방 들고 왔다 갔다 하며 예체능을 배운다. 하지만 중학생이 되고 사춘기를 보내다 보면 아이들은 놀듯

이 배운 예체능 활동에 몰입함으로써 스트레스도 풀고 자기만의 세계를 형성한다. 피아노를 배운 아이들은 좋아하는 영화음악이나 가요의 악보를 구해서 쳐보기도 하고, 검도를 배운 아이들은 친구들에게 시범을 보이며 우월감을 느끼기도 한다.

그러니 예체능 활동을 (아이가 재미없어한다면 모르겠지만) '이제 공부해야 한다', '중학교 가서도 할 거야?' 라는 이유로 그만두게 하지는 말자. 중학교 진학을 계기로 달라지는 것이 너무 많으면 안정감이 깨질 수도 있으니 즐기며 다닐 수 있는 예체능 학원은 계속 다니는 게 낫다.

아이가 원한다면 수준 높은 교육을 시키자

아인슈타인은 바이올린 연주 실력이 매우 뛰어났다. 연구를 하다 막히면 바이올린 연주에 심취했고, 그러다 무언가 실마리가 떠오르면 다시 연구실로 달려가곤 했다. 지속적인 예체능 활동은 '그냥 해본다' 에서 멈추는 게 아니다. 아이들은 그 활동을 통해 매우 창조적인 휴식을 한다. 텔레비전을 보며 쉬거나 그냥 잠을 자는 것보다 예체능 활동에 몰입해 발전하는 자신을 느끼는 것이 훨씬 많은 힘을 발휘하게 한다.

초등학교 때 다니던 예체능 학원은 대체로 아파트 단지나 동네 상가에 있는 작은 규모라 중학생 이상의 아이들은 거의 없다. 아이가 원한다면 수준 높은 교육을 시키자. 형편이 된다면 개인 교습도 좋고 성인들과 함께 배울 수 있는 문화센터도 좋다.

대회까지 출전하는 암벽 등반, 성적도 오르고 활기가 넘칩니다

우리 아이는 초등학교 때까지 발레를 했습니다. 중학생이 되어서도 발레를 하는 아이들은 전공을 목표로 하는 경우라 멀리까지 배우러 다니고 돈도 많이 듭니다. 저희 형편에 엄두가 나지 않아 그만두었지요. 아이는 울며불며 아쉬워했지만 어쩔 수 없었어요. 시간이 지나면 괜찮아지겠지 했는데 아이는 계속 축 처져 있었어요. 워낙 신체 능력이 좋은 아이라 다른 운동이라도 시키면 좋겠다는 생각을 했습니다.

그런데 창의체육 활동으로 암벽 등반을 한번 해보더니 관심을 보이더군요. 오랜만에 보인 생기 있는 모습이 기특해 해보라고 했습니다. 아이도 아주 좋아하고 선생님은 청소년대회에 나가보라고 권할 정도입니다. 봄가을 날씨가 좋을 때면 주말마다 암벽 등반을 하기에 좋은 산들을 돌아다녀요.

암벽 등반을 한 이후 아이는 눈에 띄게 집중력이 좋아졌습니다. 피곤해서 공부를 못하지 않을까 걱정도 했는데 이전보다 성적도 좋아졌습니다. 무엇보다 활기 넘치는 아이로 돌아와주어서 고마

워요. 아이에게 또 상처를 주고 싶지는 않아서 이제 그만두라고
는 하지 않을 겁니다.

아이가 좋아하는 거라면 공부에 방해된다 생각하지 마시고 지원
해주세요. 그게 결국 에너지원이 되어 공부도 더 잘하게 됩니다.
아이도 행복해하고요.

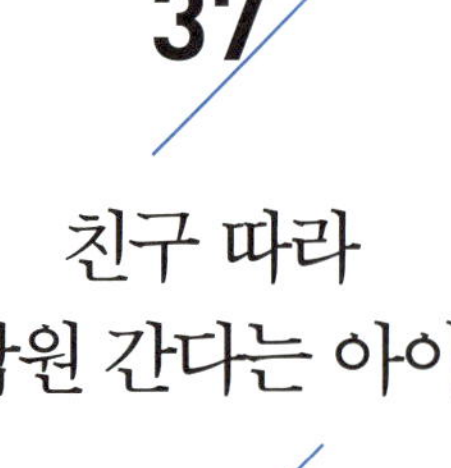

37

친구 따라
학원 간다는 아이

또래 관계에 목숨을 거는 아이들은 놀 때는 물론 공부할 때도 친구들과 떨어지려고 하지 않는다. 친구 따라 학원 간다는 아이. 과연 공부는 제대로 할지 엄마는 걱정이 많지만 아이의 선택을 존중하는 것이 가장 좋다. 시행착오가 있더라도 직접 겪어야 알게 되며, 부모가 미리 예방한다고 해도 원망만 커질 뿐이다. 친구들과 함께 즐겁게 공부하라고 격려하는 것이 현명한 부모의 태도다.

아이의 친구는 신뢰할 만한 정보 제공자다

열네 살 아이가 다닐 만한 학원을 찾는다고 생각해보자. 인터넷 검색도 하고 학원 전단지도 보겠지만 결국 가장 생생한 이야기를 들을 수 있는 건 친구를 통해서다. 친구에게 물어보면 지금 다니고 있는 학원은 물론 예전에 다닌 학원에 대해서까지 솔직하고 자세한 정보를 얻을 수 있다. 그렇게 친구들 몇 명만 거치면 그 동네 학원에 대해 완전히 파악할 수 있다.

따라서 아이가 친구들이 다니는 학원을 다니겠다는 것을 그저 애들하고 놀겠다는 뜻으로만 받아들여서는 곤란하다. 아이 입장에서 '그 친구들은 내가 신뢰하는 친구들이며, 그 아이들이 그 학원을 그만두지 않고 잘 다니는 걸 보면 선생님들의 성품이나 숙제의 분량, 공부의 수준 등 엄마가 직접 확인할 수 없는 것들을 통째로 인정할 만하다'고 판단했기 때문이다.

아이도 '내가 그 학원에 가면 애들하고 놀고만 오는 건 아닐까?' 하는 걱정을 한다. 그리고 돈을 들여 학원을 다닌다면 공부에 도움이 되어야 한다는 생각 정도는 한다. 그러니 자녀가 어떤 학원을 간다고 한다면 보내자. 친구들 따라 가는 게 불안하더라도 일단은 아이의 선택을 존중해야 한다.

공부와 놀이를 구분하지 않는 게 정상이다

아이가 친구랑 같은 학원을 다니겠다고 하면 엄마들은 공통적으로 "너, 가서 놀고만 오는 거 아니냐?"라는 반응을 보인다. 하지만 아이들은 학원은 물론 학교에 갈 때도 공부를 하러 간다는 생각을 하지 않는다. 어른들이 습관적으로 출근을 하듯 아이들에게도 매일 학교 가는 일은 일상이다. 학교에서 친구들을 만나고 선생님을 만나며 만들기, 달리기, 따라 하기, 받아 적기, 동영상 보기 등 수업 시간에 여러 가지 활동이 이루어지지만 그것을 공부라고 매 순간 인식하지는 않는다. 그러한 일상적인 학교생활 속에서 아이들은 자연스럽게 배우고 큰다. 이런 맥락에서 아이가 공부를 하겠다는 굳은 의지로 학원에 가기를 바라는 것은 부모의 부자연스러운 욕심이다.

엄마가 자녀교육 수업을 들으러 학부모교실에 간다고 생각해 보자. 꼭 배우고 싶은 것이기도 하지만 함께 갈 이웃 엄마가 있다면 훨씬 마음이 편할 것이다. 그 엄마랑 쉬는 시간에 이야기도 하고 돌아오는 길에는 함께 장도 본다. 그렇다고 해서 수업을 대충 듣는 것도 아니다.

학원이든 다른 교육기관에서든 배움은 그 환경에 노출되는 순간 자연스럽게 이루어진다. 친구와 함께 학원에 간다고 해서 학습 환경이 없어지는 건 아니다. 친구들이 좋아 학원에 간다고 해도 분명 어떻게든 배우는 것이 있게 마련이다. 엄마가 가라고 했으면 안 간다고 버티거나 억지로 가서 시간만 죽이고 올 텐데, 오히려 고마운 일이 아닌가.

무엇을 배울지보다 얼마나 즐거울지에 초점을 두자

아이들은 엄마의 반응을 보고 자신의 생각을 만들어간다. 예를 들어 학교에서 돌아온 아이에게 "너 학교에서 말썽 안 부렸어? 선생님한테 혼나지는 않고?"라고 물어보면 아이는 자신의 행동 중에서 학교에서 떠들고 야단맞은 일들만 떠올리게 된다. 사실 학교에서 안 떠들고 안 혼나는 아이가 어디 있는가. 이런 과정이 반복되면 아이는 스스로를 말썽꾸러기, 매일 혼나는 아이라고 생각하게 된다.

마찬가지로 엄마가 '얘가 학원 가서 공부는 할까? 친구들이랑 놀다만 오는 거 아니야?' 하는 걱정이 가득하면 아이도 그걸 느낀다. 아이 스스로 '난 지금 친구랑 놀고 싶어서 괜히 학원을 다니고 있구나'라고 생각해버린다. 그러면 수업에 적극적으로 참여할 리가 없다. 수업료 다 내고 다니면서도 친구네 학원에 놀러온 것처럼 멀뚱히 앉아 있을 게 뻔하다.

친구 따라 가는 학원이라도 엄마가 먼저 아이의 학원 생활을 기대해주자.

"공부하는 것만 해도 좋은데 친한 친구들까지 있으면 더 좋겠다. 잘 모르는 애들하고만 있으면 모르는 거 물어볼 사람도 없고 적응하기도 힘들잖아. 그렇지?"

이러한 엄마의 말을 들으면 아이도 그 생각을 따라간다. 학원에서 돌아오면 오늘은 어떤 내용을 배웠는지, 재미있는 일은 없었는지는 물론 친구들은 모두 학원에 나왔는지, 학원 끝나고는 뭘 하고 놀았는지도 물어보자. 아이에게는 학원을 다니면서 파생되는 모든 활동과 인간관계가 배움의 대상이기 때문이다.

그러한 질문들을 통해 아이들은 그 학원과 관련된 즐거운 기억을 떠올리게 된다. 이러한 과정이 지속되면 시작은 친구들 때문에 했지만 학원 다니기를 즐거워하고 가장 많은 것을 배우는 것은 다른 친구들이 아닌 우리 아이가 될 것이다. 배우는 과정의 즐거움이 결국 성과로 이어진다는 점을 명심하자.

웃는 얼굴로 수업 들으면 성적이 오른다

긍정적인 태도는 뇌를 활기 있게 만든다. 이를 입증하는 흥미로운 실험이 있다.

공부를 아주 못하는 초등학생들을 모아 성적을 알려주지 않은 채 각각 다른 학교로 보내 한 학기 동안 수업을 받게 했다. 학생들에게 주어진 과제는 열심히 공부하는 것도, 노트 검사를 매일 받는 것도 아니었다. 수업 시간 내내 웃는 얼굴로 선생님을 바라볼 것, 선생님과 눈이 마주치면 알든 모르든 고개를 끄덕이며 활짝 웃을 것, 이 두 가지만 지키면 됐다. 6개월 후 선생님들은 하나같이 이들의 학습 태도를 극찬했다. 더욱 놀라운 것은 이들의 성적이 향상되었다는 것이다. 워낙 공부를 못하는 아이들이니 배경지식이 많았을 리도 없고 공부 방법을 알려준 것도 아닌데 그저 웃는 얼굴로 수업을 들은 것만으로도 성적이 오른 것이다.

즐거운 마음과 긍정적인 태도는 기억력, 이해력, 집중력을 높인다. 상황이 어떻든 웃자. 즐거운 일만 생각하자. 그것이 아이의 성적을 올리는 비결이다.

38

인터넷 강의 활용하기 1
강의 선택 및 수강 계획

인터넷 강의는 시간과 비용을 절약할 수 있는 사교육으로 학년이 올라갈수록 그 활용도가 커진다. 선택의 폭이 넓고 학습자의 주도권이 큰 만큼 구체적인 학습 계획을 세우는 것이 무엇보다 중요하다. 스스로 하는 공부이니 수강 진도를 욕심 내는 것보다 제대로 공부하려는 의지가 필요하며 예습과 복습은 물론 수업 시간에 집중하기 등 진지한 수업 태도를 유지하도록 돕자.

학습 목표 정하기

인터넷 강의는 학습자에게 모든 선택권과 자율권이 주어진다. 따라서 그냥 강의만 틀어놓고 텔레비전 보듯 했다가는 아무런 성과를 내지 못한다. 강의를 선택하기 전 그 과목 수업을 왜 들으려고 하는지 구체적인 학습 목표를 생각해봐야 한다. 아이들은 왜 인터넷 강의를 들으려고 할까?

"영어랑 수학은 학원에서 공부하잖아요. 국어나 사회, 과학도 중요한데 따로 공부를 하지 않으니 인터넷 강의를 들으려고요."

이 정도가 중학생들의 공통적인 이야기다. 그렇다면 수강 과목은 국어, 사회, 과학이 된다. 그렇다고 한꺼번에 세 과목을 모두 듣기는 어려우니 우선 한 과목만 시작해보는 게 좋다. 셋 중 가장 자신 있는 과목을 고르게 하자.

국어를 골랐다면 어떻게 공부하고 싶은지 이야기를 해보아야 한다. 엄마가 공부 방법을 제안해도 좋다. 선행학습이 목표라면 구체적이고 자세한 공부보다 어떤 내용을 배우는지 대략의 뼈대만 잡는 정도가 좋다. 이렇게 공부의 방향을 생각한 후 수업을 선택해야 한다.

수업 선택하기

사이트에 접속하면 이런저런 이벤트와 강좌 홍보 글들로 정신이 없다. 하지만 모두 둘러볼 것 없이 강좌 목록에 학년과 과목을 입력하고 검색 버튼을 누르는 것이 가장 신속하다. 1학년 국어만 해도 상당한 강좌들이 등록되어 있는데 그중 '공부 뼈대를 잡을 수 있는 선행학습'이라는 학습 목표에 걸맞은 강좌를 찾아보자. 강좌명에 '선행학습'이나 '예비 중1'이라는 단어가 포함된 것으로 고르되 강의 수가 너무 많지 않은 것이 좋다. 강의 수가 많다는 것은 자세한 내용 설명이 이루어진다는 뜻이므로 처음 공부를 하는 아이에게는 지루하고 부담이 될 수 있다.

비슷한 강좌라도 여러 명의 선생님이 수업을 개설하기도 한다. 선택의 폭을 넓히기 위해서인데 이때는 샘플 강의를 들어보는 게 좋다. 대부분 수업을 잘하는 전문 강사들이므로 수업의 질은 모두 비슷하니 아이가 듣기에 목소리 톤이나 말하는 속도 등이 편안한지 정도만 체크하면 된다. 강사마다 자기만의 특징을 나타내기 위해 다양한 교구를 사용하거나 특이한 복장으로 개성을 보이기도 하는데(중등부 강의에서 특히 그렇다. 고등부 강의는 단정하고 진지하다) 그런 것들이 눈에 거슬린다는 아이도 있다.

수강 계획 세우기

인터넷 강의로 공부하는 아이들에게 어떻게 공부하느냐고 물으면 대단히 편안한 답이 나온다.

"그냥 시간 날 때 하나씩 들어요."

"그럼 며칠씩 못 듣는 날도 있겠네?"

"네."

"그럼 수강 기한 안에 다 못 들으면 어떻게 해?"

"막판에 몰아서 하루에 두세 편씩 들어요."

공부는 인형 눈알 붙이기가 아니다. 그 강좌를 언제부터 언제까지 어떻게 들을지는 내가 결정한 대로 실천해야 하며, 인터넷 강의 회사가 정해놓은 수강 기한에 나의 공부를 맞춰서는 곤란하다.

수업을 선택했다면 그 수업을 어떻게 들을 것인지 계획을 세우자. 학원 등 아이의 일정을 고려해 학원 수업이 없는 요일에만 인터넷 강의를 듣거나 주말을 활용하는 등 실천 가능한 날을 지정해야 한다. 그래야 '그냥 시간 날 때 하나씩 듣는' 무계획 공부를 방지할 수 있다.

아이들은 장기 계획에 약하므로 이 부분은 엄마가 도와주어야 한다. "화·목·토요일에 한 강씩 들으면 다음 달 말에 이 강좌를 모두 다 들을 수 있어"라고 최종 결과를 미리 이야기해주는 게 좋다. 수강 기한은 넉넉한 편이지만 아이에게 맞는 공부 계획대로 하다 보면 수강 기한을 넘기는 경우도 생긴다. 그럴 땐 회사에 전화를 하자. 며칠까지 연장해달라고 요청하면 지나친 범위가 아닌 한 연장을 해준다. 아이는 이런 경험을 통해 나의 공부 계획이 무엇보다 중요하며, 나머지는 그 계획에 맞춰가야 한다는 것을 배운다.

유인물보다 시판 교재가 낫다

사용하는 교재도 강의 선택에 중요한 기준이 된다. 이미 내가 가지고 있는 책으로 진행되는 강의가 있다면 그것을 택하면 편하다. 수강자들에게 교재를 무료로 보내주는 경우도 있는데 공짜라고 무조건 선택해서는 곤란하며, 인터넷 강의가 끝난 후에도 수업 복습이나 시험공부를 하며 사용할 만한 교재인지 고려해야 한다(단, 선행학습을 위해 만들어진 교재들은 내용을 압축해 얇게 구성되므로 학기 중에 활용하기는 부적절하다).

교재를 정하지 않고 선생님이 직접 만든 유인물로 강의를 하는 경우도 있다. 학생들은 집에서 해당 파일을 다운받아 출력해 듣게 되는데, 매번 출력을 하기도 번거롭고 출력한 유인물을 정리해 보관하기도 불편하다. 실제로 프린터에 잉크가 떨어졌다느니 종이가 없다느니 하는 이유로 출력을 하지 않고 화면에 자료를 띄워놓은 상태에서 대충 수업을 듣는 경우도 많으며, 인터넷 강의를 운영하는 회사의 고객센터에는 컴퓨터에 오류가 생겨 출력이 안 된다는 문의도 많이 들어온다. 꼭 들어야 하는 강의가 아니라면 유인물로 하는 강의보다 시판 교재로 하는 강의를 선택하자.

39

인터넷 강의 활용하기 2
학습 효과 높이는 강의 듣기

인터넷 강의로 공부할 때는 수업 의존도가 낮아야 한다. 철저하게 예습하고 강의는 공부한 내용을 확인하는 정도여야 하며, 완전히 이해가 된 부분은 강의 없이 그냥 넘어가도 좋다. 자녀의 공부를 살필 때는 어디까지 들었는지보다 어떻게 듣고 있는지에 초점을 두자.

철저하게 예습하고 강의는 편하게 듣자

공부 초보 중학생들이 인터넷 강의를 들으며 하는 가장 큰 실수는 강의만 열심히 듣는 것이다. 선생님의 설명을 잘 듣고 문제 풀이를 잘 따라가면 그 단원은 공부를 다 했다고 여긴다. 하지만 그건 내가 한 공부가 아니라 선생님이 하는 공부를 구경한 것뿐이다. 선생님의 막힘없는 설명과 명쾌한 문제 풀이를 보니 마치 내 머릿속에서 그 모든 것이 이루어진 것 같은 느낌이 든다. 하지만 그렇지 않다. '아는 것'과 '익숙한 느낌'은 다르기 때문이다.

인터넷 강의는 수업 의존도가 낮아야 한다. 선생님을 직접 만날 수도 없고 질문을 할 수도 없기 때문이다. 따라서 강의를 듣기 전 예습하는 시간이 길어야 한다. 강의 계획표를 보고 그날의 진도만큼 교재를 읽고 문제를 풀며 공부하도록 하자. 이 과정은 아이 혼자 해내기에는 귀찮고 부담스러우므로 처음에는 엄마가 도움을 주어야 한다. 예습을 한 후 강의를 듣는 것이 훨씬 좋다는 것을 몇 번 경험하면 아이 스스로 하게 된다.

철저하게 예습하고 강의를 들을 때는 '내가 공부한 게 맞나 보자' 하는 마음으로 편하게 들으면 된다. 그러면 선생님이 왜 그 부분을 강조하는지 의도를 파악할 수 있으며, 잘 모르면서 그냥 넘어가는 일이 없다.

모든 강의를 다 들어야 하는 건 아니다

인터넷 강의의 편리한 점은 선생님의 눈치를 보지 않고(!) 빨리 듣기를 하거나 건너뛸 수도 있다는 것이다. 철저하게 예습을 하고 강의를 듣다 보면 꼭 수업을 듣지 않아도 될 것 같은 쉬운 단원을 만나기도 한다. 그럴 땐 강의를 듣지 않고 넘어가도 좋다. 인터넷 강의를 듣는 목적은 내가 그 과목을 공부하는 데 도움을 받기 위해서지, 강의를 듣는 것 자체가 아니기 때문이다.

문제 풀이도 마찬가지다. 미리 문제를 풀어보며 헷갈리는 부분만 표시해놓고 다른 부분의 수업은 건너뛰고 그 부분만 들으면 된다. 특별히 어려운 것이 없었다면 문제 풀이 부분을 통째로 생략해도 좋다. 이렇게 하면 공부 시간을 줄일 수 있고, 강의를 건너뛰는 재미에 아이들은 예습에 더 힘을 쏟게 된다.

질문 게시판 활용하기

선생님을 직접 만날 수 없다는 단점을 보완하기 위해 인터넷 강의를 하는 모든 사이트는 강사별 질문 게시판을 운영한다. 실시간으로 답을 들을 수 없어 좀 답답하기는 하지만 그래도 모르는 내용에 대한 답을 듣기에는 이 방법이 좋다. 따라서 질문 게시판이 없거나, 있더라도 활성화되지 않았거나, 답변 날짜가 늦는 등 답변이 불성실하다면 그 강사의 수업을 들어서는 안 된다.

질문을 할 때는 교재 몇 쪽 몇 번 문제인지, 몇 강에서 어느 내용에 대한 설명이었는지(동영상 몇 분쯤에 나왔다고 하면 더욱 좋다)를 언급하고 "18쪽 3번 문제 모르겠어요"보다 "밑변을 구할 때 왜 10을 곱해야 하나요?" 식으로 구체적으로 적어야 한다.

질문 게시판은 최후의 수단이다. 모르는 문제를 무조건 줄줄이 질문해서는 공부가 안 되고 질문 내용을 입력하는 것도 번거로우며, 그러는 동안 괜히 다른 사이트를 오가며 산만해지기 때문이다. 우선은 해답지를 보고 스스로 해결한 후 부모님이나 학교 선생님, 친구에게 물어 해결하는 것이 편하다. 딱히 해결 방법이 없을 때 질문 게시판을 활용하도록 하자.

수강 진도에 욕심 부리지 않는다

인터넷 강의 서비스를 제공하는 사이트에서는 '마이페이지'에서 나의 수강 진도가 어느 정도 되는지 확인할 수 있다. 진도 그래프가 조금씩 길어지는 재미를 느끼는 정도라면 괜찮지만 '오늘까지 몇 개 채워야지' 식으로 변질되면 위험하다. 텔레비전 보듯 '강의를 틀어놓고' 수업을 구경하는 시간이 생기기 때문이다.

이 점은 부모님도 주의해야 하는데, 자녀의 학습 성과를 수강 현황과 동일시해서 무조건 "너 왜 이거밖에 안 들었느냐"고 다그쳐서는 안 된다. 어디까지 들었는지보다 어떻게 듣는지를 살피자.

강의 선택과 수업 활용, 부모의 도움이 필요해요

중등 인터넷 강의 업체에서 강좌 기획을 하는 송 팀장입니다. 고등부 강좌는 실력 있는 선생님을 모셔다가 좋은 내용으로 만들어 놓기만 하면 학생들이 알아서 찾아와 듣는데 중등부는 그렇지 않아요. 아무리 수업이 좋아도 선생님이 못생기면 매출이 나지 않습니다. 그래서 강사들은 성형도 하고 강의 때마다 웃이며 헤어 메이크업이며 민감하게 신경을 써요. 또 수업 집중도가 떨어지다 보니 수업 끝으로 갈수록 수강자 수가 줄어들어요. 돈을 내고도 듣지 않죠.

그래서 선생님들은 수업 마지막에 퀴즈를 내고 질문을 많이 한 학생에게 상품을 주기도 하면서 참여를 유도합니다. 그러면 또 아이들은 상품을 받으려고 강의 끝부분만 들어요. 좋은 선물을 주는 선생님한테로 몰려가기도 하고요. 아직 초등학생 티를 벗지 못해서 그런지, 웃음이 나올 때가 많아요.

특히 예비 중학생들, 인터넷 강의로 공부를 해본 적이 없는 중학교 1, 2학년 학생들에게는 강의 선택과 수업 활용 방법에 대해 도움을 줄 사람이 필요합니다. 내가 왜 이 강의를 들어야 하는지, 이 강의를 어떻게 활용해야 하는지 아이들에게 수강의 목적을 분명히 심어주세요.

40

전략적으로 과외
활용하기

과외로 효과를 본 학생들은 과외를 하면서 공부 방법이나 문제를 이해하는 시각, 공부 습관 등을 배울 수 있어 좋았다고 말한다. 과외를 한다는 것은 '나만의 조언자'가 생긴다는 의미이기 때문에 단기적인 성적 향상보다 '성적을 올릴 수 있는 힘'을 키우는 데 더 관심을 두어야 한다.

과외를 시작하기 전에 생각해야 할 것들

일단 과외를 시작하면 학생과 학부모 모두 선생님만 바라보게 된다. 특히 자녀의 공부를 직접 도와줄 수 없는 엄마들은 '잘 부탁드립니다'라는 마음뿐이다. 하지만 과외는 일대일로 이루어지는 수업이므로 선생님과 학생의 비중은 반반이다. 즉 학생도 선생님만큼 준비하고 생각해야 자신에게 꼭 맞는 수업을 받을 수 있다. 과외를 하려고 결정했다면 시작하기 전에 생각해두어야 할 것들이 있다.

● 왜 과외를 하려고 하는가? : '학원에서 수업을 못 따라가는 것이 자존심 상해서', '한 달밖에 안 남은 시험 대비를 위해'와 같이 솔직하게 생각해봐야 한다. 이것이 분명하지 않으면 내가 원하는 학습 효과를 얻을 수 없고, 불안함 때문에 과외를 그만둘 수도 없게 된다.

● 얼마나 할 것인가? : 출발하기 전에 목적지를 먼저 정하는 것은 당연하다. 앞에서 생각한 과외를 하려는 이유를 해소하는 데 어느 정도 기간이 걸릴지 예상해보자. '방학 동안', '3개월', '기말고사 전까지'와 같이 정하면 된다. 예상 기간을 생각해보는 것만으로도 전략적인 학습에 대한 의욕이 생긴다.

● 선생님에게서 어떤 도움을 받길 원하는가? : 내가 원하는 공부 방법, 특히 취약한 단원, 다른 아이들과 다르게 공부하고 싶은 욕구 등을 사전에 충분히 고려하자. 과외 선생님을 구할 때도 이 부분을 강조해야 한다.

왜 과외를 하려고 하는가?	얼마나 할 것인가?	선생님에게서 어떤 도움을 받길 원하는가?
나에게 맞는 수학 공부 방법을 알고 싶다.	우선 여름방학 전까지	점차 실력이 나아질 수 있도록 쉬운 문제부터 어려운 문제까지 골라주셨으면 좋겠다

기간을 정하고 지속 여부를 점검하자

학원이든 과외든 월세 내듯 수업료를 내며 마냥 해서는 안 된다. 특히 과외는 비용이 비싸고 나에게 맞는 수업을 받을 수 있으므로 더욱 전략적으로 활용해야 한다. '학원 대신 과외 하지 뭐' 하며 늘 다니던 학원처럼 늘 하는 것으로 편하게 생각하지 말자.

과외를 시작한 후에도 주기적으로 학습 상태를 살펴야 한다. 점검을 하기에 좋은 시기는 시작하며 정해놓은 예상 종료일이다. 점검하는 순서는 다음과 같다

● 원하는 성과를 얻은 경우 : 과외를 계속 진행할지 말지를 정한다. → 계속 진행하고자 한다면 새로운 목표를 정하고 그에 맞는 예상 기간을 정한다.

● 원하는 성과를 얻지 못한 경우 : 이유를 생각해본다. → 과외를 계속 진행할지 말지를 정한다. → 계속 진행하고자 한다면

성과를 얻기 위한 대안을 생각한다(예: 목표를 하향 설정한다. 선생님과 학습 방법을 논의한다. 선생님을 바꾼다 등). → 목표를 정하고 그에 맞는 예상 기간을 정한다.

과외를 하고 있다면 지금까지의 공부를 되돌아봐야 한다. 다시 시작한다고 생각하고 과외를 하는 이유와 더 필요한지 여부를 결정하자. 그 후에는 과외를 하며 이루어야 할 성과를 정하고 예상 종료일을 정한다. 예상 종료일에 원하는 결과를 얻었다면 과외를 더 지속할 이유는 없어진다. 그 이후에도 과외를 계속한다면 새로운 성과를 이루기 위한 것이어야 한다.

과외 수첩을 적자

과외는 일정한 강의 계획이 없는 것이 보통이다. 그렇더라도 학생은 수업의 흐름을 알고 있어야 한다. 수업을 시작하기 전에 그날 배울 내용을 예상하고, 수업 후에는 배운 내용을 생각해보자. 수업 내용을 능동적으로 예측해보고, 내가 배운 것(선생님이 가르쳐준 것, 수업 내용은 의미가 없다. 내가 깨달은 것, 새롭게 배운 것, 기억에 남는 것 등 내가 배운 것이 중요하다)은 무엇인지 기록해보면 학습 내용을 의식적으로 반복하게 되어 예습과 복습의 효과를 거둘 수 있다. 작은 과외 수첩을 만들어 누적 기록을 하면 좋다.

공부한 날	오늘 배울 것	내가 배운 것
5/18	영어 시험지 틀린 문제 풀기	영영사전 보며 어려운 단어 이해 (생각보다 할 만했다.)

이런 경우 학원보다 과외가 낫다

대부분 학생들은 학원을 다니며 사교육을 시작한다. 과외에 비해 저렴한 데다 친구들과 함께 섞인다는 안도감이 생기기 때문이다. 그러다가 특정 과목의 성적이 떨어지거나 학원 공부가 힘들면 과외로 눈을 돌리는 것이 관례처럼 굳어져 있다. 그렇지만 교육 방법을 선택하는 기준으로 가장 위험한 것이 '돈'이다.

학원과 과외를 택하는 기준은 교육비가 아니라 '학습 효과'에 두어야 한다. 학생이 아래와 같은 욕구를 가지고 있다면 과외를 하는 편이 훨씬 효과적이다.

- 나에게 맞는 공부 방법을 배우고 싶다.
- 취약 과목은 학원 수업도 따라가기 어려우니 내 수준에 맞게 공부하고 싶다.
- 내가 공부를 잘하고 있는지 체크해줄 사람이 필요하다.
- 일괄적으로 나가는 진도와 문제 풀이식 수업은 답답하다.

- 궁금한 것을 마음껏 물어보고 깊이 생각하는 공부가 좋다.

- 남과 비교하면서 공부하는 것이 스트레스 쌓인다.

- 학원이나 독서실은 친구들과 놀게 되어 싫다.

- 시험을 앞두고 집중적인 공부가 필요하다.

41

아이에게 맞는
과외 선생님 찾기

좋은 과외 선생님은 학력이나 경력보다 내 아이와 잘 맞는지 여부로 판단해야 한다. 얼굴을 맞대고 하는 공부이므로 성격이나 기질이 맞지 않으면 불편하고 어색해 공부를 지속하기 어렵기 때문이다. 또한 아이들은 선생님의 말투나 눈빛, 글씨체 등 사소한 것을 모두 보고 배우므로 선생님을 구할 때는 언행과 성품이 바른지도 살펴야 한다.

나와 잘 통하는 과외 선생님

선생님과 학생이 얼굴을 맞대고 밀접한 의사소통을 할 수 있는 학습 환경에서 아이들은 선생님의 눈빛과 어투, 손놀림에도 큰 영향을 받는다. 선생님의 칭찬 한마디면 어려운 숙제도 끝까지 해내는 아이가 있는가 하면, 논리정연하게 설명하시는 선생님을 오히려 지루해하는 아이도 있다. 선생님과의 관계에서 나타나는 학생의 특징에 따라 어울리는 선생님도 다르다. 네 가지 유형으로 나누어보면 다음과 같다

| 관계 지향형

사람 사이의 관계를 무엇보다 중요하게 생각한다. 주변에 선후배, 친구들이 많으며 그들과 소통하며 힘을 얻는다. 선생님들과도 어려움 없이 대화를 주고받는 넉살 좋은 녀석이므로 처음 만나는 선생님과도 좋은 관계를 형성하는 데 어려움이 없다.

● 잘 통하는 선생님 : 마음 편히 공부할 수 있도록 분위기를 개방적으로 유지하는 선생님이 좋다. 긴장감을 조성하거나 성적을 강조하는 선생님은 불편해한다. 이 학생들은 쓰기보다 말하기를 좋아하니, 테스트가 필요할 때는 쪽지시험보다 선생님에게 설명을 하게 하는 것이 좋다.

| 인정 갈망형

자신에게 주어진 시험공부, 과제 등을 책임감 있게 성실히 수행한다. 선생님과 부모님 등 자신이 신뢰하는 사람들에게 사랑과 인정을 받는 것에서 힘을 얻고 그것에 자신의 기준을 맞추어나간다. 선생님의 말 한마디에도 민감하게 반응하기 때문에 선생님이 칭찬이나 애정을 표현하면 그것만으로도 며칠을 뿌듯해한다.

● 잘 통하는 선생님 : 학생의 노력을 꼼꼼히 평가하고 인정하는 선생님이 좋다. 평가를 할 때 구체적인 기준이 제시된다면 그 기준의 난이도와 관계없이 완벽하게 이루어낸다(선생님의 인정과 칭찬을 받기 위해). 선생님의 피드백에 많은 영향을 받으므로 잘못한 것을 교정하고 지도할 때는 타당한 이유를 설명해주는 선생님이 좋다.

| 가치 추구형

자신의 목표와 관심 분야가 아니면 관심을 보이지 않는다. 정해진 공부만 해야 하는 것에 답답함을 느끼며, 자신이 추구하고자 하는 것에 집중할 수 없으면 좌절감을 느낀다. 그러나 아무리 힘들어도 하고 싶은 것을 할 때는 모든 것을 이겨낸다.

● 잘 통하는 선생님 : 선생님은 학생의 적성, 희망, 재능을 적극적으로 인정해주어야 한다. 공부를 시작하기 전에 이 공부가 왜 필요하며 학생에게 어떤 도움과 영향을 줄 수 있는지를 충분히 설명해주면 답답함을 덜 느낄 것이다. 선생님이 시시하다고 느껴지면 즉시 만날 가치를 느끼지 못할 것이기 때문에 선생님의 실력이나 가르치는 방법도 남달라야 한다. 학생이 신비로움과 존경을 느껴 한 수 배우고자 하는 열망이 생겨야 한다.

| 성과 추구형

'최고'가 되려는 욕심이 있는 학생이다. 이를 달성하기 위해 자신을 채근하며 쉼 없이 노력한다. 대부분 성적도 좋은 편이다. 자신에게 도전하며 자유롭게 생활하는 것을 즐기지만, 규범이나 위계질서에 갇히면 원래의 에너지는 잃어버리고 현실에 안주해버리기도 한다.

● 잘 통하는 선생님 : 선생님은 발전하고자 하는 학생의 욕구가 꺾이지 않도록 독려해야 한다. 매일 반복되는 학교생활에 젖어버릴 수 있기 때문이다. 주기적으로 평가를 해 계획을 세우고 목표를 수정하는 과정을 쉬지 말아야 한다. 선생님은 학생이 역량을 발휘할 수 있도록 살짝 어려운 문제도 제시하는 것이 좋다. 지시받는 것을 좋아하지 않으므로 과제를 스스로 정하게 하는 등 실천 의욕이 생기도록 해야 한다.

선생님 구할 때 유념해야 할 점

옆집 아이를 가르치는 훌륭한 선생님이라고 해서 내 아이에게도 그런 건 아니다. 학력이나 외모보다는 과외의 목적을 충분히 충족할 수 있는 선생님을 찾아야 한다.

● 수업 시간 엄수는 필수다 : 과외 선생님은 무엇보다 수업 시간을 성실하게 엄수하는 책임감이 있어야 한다. 수업료의 대가이기도 하지만 선생님의 모든 행동은 학생에게도 영향을 미치기 때문이다. 선생님의 사정으로 자주 수업을 빠지거나 수업 시간을 단

축하면 학생도 수업에 애정을 갖기 어렵다.

● 과외를 통해 무엇을 얻고 싶은지 구체적으로 정한다 : 선생님께만 모든 것을 맡겨두어서는 수업료만 빠져나갈 뿐 어떤 것도 얻지 못한다. '영어 성적이 너무 떨어졌다'는 막연한 욕구보다는 '나에게 맞는 영어단어 공부 방법을 알고 싶다', '무조건 외우는 것은 힘들다'와 같이 자신이 공부하며 느낀 어려움을 자세하게 생각해보고 선생님께 말씀드리자. 이와 같은 아이의 학습 욕구를 고려해 그 부분에 특히 강한 선생님을 찾도록 하자.

● 수업료를 기준으로 선생님을 택하지 않는다 : 좋은 선생님과 공부하다가도 수업료에 부담이 생기면 수업료가 싼 선생님으로 바꾸려는 고민을 한다. 그런데 이것은 매우 위험하다. 단지 돈이 문제라면 선생님을 바꿀 것이 아니라 수업을 1~2개월 쉬거나 수업 일수를 줄이는 등 수업 방법을 바꾸는 게 낫다.

● 직접 수업을 해본 후 결정한다 : 학생들은 선생님의 실력과 인성을 모두 인정하면서도 '선생님 발냄새가 너무 심하다', '말을 버벅거려서 짜증 난다', '지루한 설명이 길어질 때가 있다', '나는 핸드폰 끄게 하면서 선생님은 문자 보낸다', '농담도 안 하고 진지하게 수업만 해서 재미없다' 같은 현실적인 불만을 털어놓곤 한다. 모든 조건이 만족스럽더라도 직접 겪어보지 않으면 모르는 것이 사람이다. 선생님의 수업 스타일은 어떤지, 말이 너무 빠르거나 느리지는 않은지 등 선생님을 최종 결정하기 전에 학생이 직접 선생님을 경험해보는 것이 좋다.

엄마랑도 힘들어하는 수학 공부를 선생님이랑 잘할 수 있을까요?

Q 초등 6학년 남학생입니다. 수학을 너무 싫어해서 걱정입니다. 성적이 떨어진 지는 이미 오래됐고요. 다니던 학원은 그만두고 엄마가 스트레스 주지 않으면서 집에서 조금씩 도와주고 있는데 수학 공부를 할 때가 되면 풀이 죽습니다. 다른 과목은 혼자서도 잘하는데, 수학 문제를 풀 때는 동작도 눈에 띄게 느려지고 몸을 비틀며 산만해집니다. 엄마가 알려주기 어려운 것들이 많아 과외 선생님을 구해볼까 하는데, 엄마랑도 힘들어하는 수학 공부를 선생님이랑 잘할 수 있을까요?

A 아이는 수학 공부를 할 능력이 떨어지는 것이 아니라 수학을 싫어하는 마음이 강한 상태입니다. 많은 경우 이해가 안 된 채로 넘어가는 진도와 많은 숙제가 수학을 싫어하게 만들죠. 수학 때문에 크게 혼난 적이 있거나 창피를 당한 적이 있다면 그 사건 이후로 수학이 싫어졌을 가능성도 있습니다.

학원 대신 과외를 선택하신 것은 바람직합니다. 선생님은 수학을 잘 가르쳐주실 분보다 수학을 즐겁게 배울 수 있도록 도와주실 분으로 구하세요. 선생님이 오시는 날이 기다려지고 수학 시간이 편안하고 즐겁다는 느낌이 반복되는 게 중요합니다. 공부는 조금 하더라도 선생님과 신 나게 게임하고 쉬운 문제를 풀며 자신감을 회복하는 데 중점을 두세요. 수학을 두려워하고 싫어하는 마음이 사라진 후에야 어렵고 복잡한 문제를 풀어나갈 힘을 얻게 됩니다. 이러한 과정은 보통 2~3개월 정도 걸리는데, 그 후에는 점차 공부의 양과 질을 높여나갈 수 있습니다.

42

학원 의존증을
조심하자

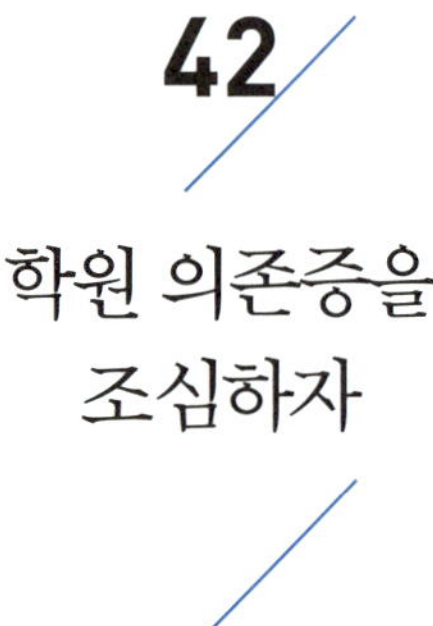

아이를 학원에 보내는 것이 일상화되자 부모들은 학원을 보육 기관으로 활용하기도 한다. 많은 아이들이 어려서부터 학원을 다녔기에 도리어 학원을 다니지 않는 것이 신기한 지경에 이르렀다. 내가 만난 많은 학생들은 스스로 공부할 수 있는 역량이 충분한데도 '마음의 편안함'을 위해 학원에 돈을 내고 있었다. 우리 아이는 지금 만성 학원 의존증에 걸려 있지 않은가?

학원 의존 증상 1 | 학원을 다니지 않는다는 생각을 한 번도 해본 적이 없다

요즘 아이들은 기저귀를 차고부터 어린이집을 다녔으며, 그 후로도 항상 어딘가를 다녀왔다. 피아노, 태권도 등 무언가를 배우

기 위해서기도 했지만 그냥 놀러, 다양한 자극을 위해, 아이를 방치할 수 없어서 등 여러 가지 이유가 복합적으로 얽혀 있다. 그러한 흐름이 자연스럽게 교과 공부를 위한 공부방, 학원에 다니는 것으로 이어진 것이다.

하지만 지금부터 하는 공부에는 누군가의 직접적인 도움보다 아이의 생각이 더 많이 개입되어야 한다. 아이가 성장하고 달라졌으니 지금까지 아이를 보조해온 여러 가지 장치들을 떼어보자. 자전거로 치면 보조바퀴를 떼고 마음껏 달릴 때가 된 것이다.

학원 의존 증상 2 | 학원을 안 가면 공부를 하나도 안 한다

이 말은 곧 무엇을 공부해야 할지 스스로 판단하지 못한다는 의미다. 스스로 무언가를 정해도 실천율이 떨어지고 검사하는 사람이 없으니 의무감도 느끼지 못한다. 학원에서 내주는 숙제와 문제 풀이에 의존해 지금의 성적을 유지해왔다면 앞으로는 공부가 점점 힘겨워진다.

그날 무엇을 공부해야 할지는 스스로 정하자. 엄마는 아이가 공부를 잘하고 있는지 살피되 '검사' 대신 '칭찬'을 해 아이의 공부에 탄력을 주고, 점차 스스로 느끼는 '성취감'이 엄마의 칭찬을 대신할 수 있도록 유도해야 한다. 혼자 공부해도 책 한 권을 다 끝내고 학원 다니는 아이들보다 공부를 더 많이 할 수 있다는 것을 경험하면 아이들은 금방 자신감을 갖는다. 그 단계까지는 엄마의 섬세한 관심이 필요하다.

학원 의존 증상 3 | 학원을 다니지는 않지만 마음이 불안하다

학원에 다니지 않더라도 학원을 막연히 동경하고 있다면 그것도 문제다. 이런 경우는 학원을 다니지 않는다기보다 학원을 잠시 쉬고 있다고 보아야 한다. 학원 전단지나 친구들이 가져오는 학원 유인물, 새로 생긴 학원에 관심을 두고 있다가 곧 '학원생'이 되고 만다.

엄마와 아이가 함께 불안해하는 경우는 물론 엄마가 아무리 격려해도 아이가 불안해서 학원에 매달려 있는 경우라면 그것은 공부만의 문제는 아니다. 사춘기 아이들 특유의 외로움이나 두려움에서 비롯된 문제일 수 있으니 아이의 정서를 잘 살피자.

학원 의존 증상 4 | 성적이 떨어지면 학원을 옮긴다

성적표가 나온 후에는 학원을 옮기는 학생들이 적지 않다. 특히 엄마가 나서서 학원을 옮기게 하는 것은 아이에게 자기주도학습의 반대편으로 전력 질주하도록 만드는 꼴밖에 되지 않는다. 학원은 성적 제조공장이 아니며, 한 달에 얼마씩 내면 나의 성적을 보장해주는 보험회사도 아니다. 성적이 떨어졌다면 과목별로 무엇이 부족했는지 원인을 생각해보고, 그에 따라 그다음 시험의 공부 방법을 달리해야 한다. 그 과정을 모두 생략하고 학원을 옮기는 것으로 간편하게 해결하면 아이는 남 탓 하는 것 말고는 배우는 게 없다. '내 성적은 내 책임'이라는 성숙한 사고를 가르치자.

학원 의존 증상 5 | 같은 학원을 쉬지 않고 6개월 이상 다녔다

꼭 나쁜 경우만 있는 것은 아니다. 하지만 같은 학원을 쉬지 않고 한 학기 이상 다녔다는 것은 학원 생활이 일상이 되어버렸음을 의미한다. 학원이 편해져서는 안 된다. 공부는 원래 매일매일 해야 할 것을 적고 확인하며 불편하게 해야 하는 것이다. 그것이 노력이며 실천이다.

아이의 공부를 돕는 엄마도 대충 쉽게 할 생각은 하지 말자. 아이보다 아이의 진도를 더 잘 알고 있어야 하며, 아이가 지금 무슨 공부를 하는지 늘 공유해 텔레비전을 보다가도 공부한 내용과 관련된 것이 나오면 자연스럽게 대화를 이끌어낼 수 있어야 한다.

효과적인 학원 활용을 위한 점검표

얼마나 자기주도적으로 학원을 활용하고 있는지 점검해보자. 3개월에 한 번 정도가 적당하지만 방학이나 시험 등 공부의 목표와 성격이 바뀔 때는 주기와 상관없이 따로 점검하는 게 좋다. 책상 앞에 붙여놓고 학원 갈 때마다 의식하게 하자.

● 나는 학원을 왜 다니는가? : 내가 학원에서 얻기 원하는 선행학습, 취약 과목 성적 올리기, 진학 정보 등을 생각해보자. 취약 과목 때문에 학원을 다닌다면 '수학 성적을 올리기 위해서'라고 적는 것보다 '수학 학습 방법을 배워서 수학 공부가 두렵지 않았으면 좋겠다'와 같이 구체적이고 솔직하게 적자. 지금 다니는 학원에 한정하지 말고 아이가 원하는 학습 수준, 학습 목표를 고려해야 한다.

● 지금 다니는 학원은 나의 필요를 얼마나 충족시키는가? : 스스로 자신의 학습 상황을 점검하는 평가위원이 되어본다. 지금 다니는 학원이 앞에 적은 '학원에 다니는 이유'에 얼마나 부합하는지 점검하는 것이라고 볼 수 있다. '뭐 그냥 그렇지', '대충 만족해'라는 답보다 그 만족도를 수치로 적는 것이 좋다. 100점 만점에 75점이라면 75/100, 10점 만점에 8.5점이라면 8.5/10라고 하면 된다. 그런 다음 그 이유를 반드시 적자. 그렇게 점수를 준 이유는 무엇인지, 무엇이 부족한지, 어떤 점이 마음에 들지 않는지, 어떤 점이 좋아서 높은 점수를 주었는지, 아쉬운 부분은 어떤 것인지 등을 알 수 있다. 선생님이 무섭거나 학원에 애들이 너무 많은 것도 이유가 될 수 있다.

● 내가 원하는 바를 이루려면 어떻게 해야 할까? : 내가 학원에 다니는 이유와 목적이 충족되지 못했다면 그 대안을 생각해야 한다. 그래야만 나의 필요에 따라 학원을 활용할 수 있다. 한 가

지 대안보다는 여러 가지를 고려해보자. 한 번에 실천할 수 없다면 단계별 실천 방안을 생각하자. '이상적인' 대안보다는 당장 실천할 수 있을 만큼 상세하게 기술하는 것이 좋다.

학원에 대한 생각은 늘 객관적이어야 한다. 그렇지 않으면 '만성 학원 의존증'에서 헤어나지 못할 것이다. 새로운 학원을 등록하거나 과목을 추가할 때도 위와 같은 과정을 꼭 거쳐야 한다. 내가 학원에서 얻고자 하는 것은 무엇인지, 얼마나 다닐 것인지 등을 냉정하게 고민하자.

| 학원 활용 점검표 양식 |

나는 학원을 왜 다니는가?	지금 다니는 학원은 나의 필요를 얼마나 충족시키는가?		내가 원하는 바를 이루려면 어떻게 해야 할까?
	점수	이유는?	
수학 학습 방법을 배워서 수학 공부가 두렵지 않으면 좋겠다.	65	여전히 수학이 어렵다. 숙제가 너무 많아서 집에서는 다른 공부를 할 수 없다. 시험 기간에 시험 대비를 혼자 안 해도 되는 것은 좋다.	① 내 수준에 맞게 공부할 수 있는 과외로 바꾼다. ② 쉬운 반으로 내려간다 (이건 싫다). ③ 학원을 옮겨본다.

모든 일이 그렇듯 공부 역시 무조건 열심히 한다고 해서 성과가 나오는 것이 아니다. 자녀가 공부를 좀 더 즐겁게 할 수 있도록 이끄는 방법과 짧은 시간에 집중력을 최대한으로 높여서 학습 효율을 끌어올리는 집중 토막 공부법, 독서실을 효율적으로 활용하는 방법 등 학습 효율을 높이는 노하우를 소개한다.

Part 6

공부 습관
불변의 법칙

43

학습 효율을 높이는
4가지 기본 원칙

공부하는 아이들에게는 학습 의욕을 일으키고 유지하는 것도 실력이다. 공부를 하다 보면 자연스럽게 자기만의 공부 원칙이 정립되지만, 이제 막 공부하기로 마음먹은 아이들에게는 따라 할 만한 기준이 있으면 좋다. 많은 연구에서 입증되어 일반화된 공부 원칙들을 소개한다. 아이에게 잘 맞을 법한 것부터 적용해보며 우리 아이만의 공부 원칙을 만들어보자.

원칙 1 | 긍정적 사고가 자신감의 원천이다

성공과 실패의 원인을 어디에 돌리느냐가 학업 성취도에 큰 영향을 미치는데, 시험 결과를 받아들이는 태도만 봐도 공부를 잘하는(잘할) 사람인지, 못하는(못할) 사람인지 알아볼 수 있다.

공부를 잘하는(잘할) 사람		공부를 못하는(못할) 사람	
성공했을 때	실패했을 때	성공했을 때	실패했을 때
역시 노력은 배신하지 않는다니까.	이번엔 사실 좀 열심히 안 했지. 다음엔 더 열심히 해야겠다.	문제가 쉬웠나? 운이 좋았네.	내가 그렇지 뭐. 능력이 그 정도밖에 안 되는데 어쩌겠어.

성적이 좋은 학생은 성공 경험에서는 자신감을 얻고, 실패하더라도 노력을 더 하면 된다고 생각한다. 그 때문에 쉽게 좌절하지 않는다. 공부 잘하는 아이들의 꽉 찬 자신감이 얄미워 보이기도 하지만, 사실은 그 힘으로 고된 공부를 이어나가는 것이다. 청소년기에 자신감은 매우 중요한 에너지원이다.

반면 성적이 나쁜 학생은 성공하더라도 자신의 능력을 인정하기보다는 운으로 돌리고, 실패하면 능력 부족이라고 생각한다. 노력해도 성공하지 못할 거라 생각하므로 떨어진 성적이나 좋지 않은 점수를 가볍게 용서한다.

공부를 하며 긍정적인 태도를 유지하는 것은 성적과 직결된다. 만약 지금 성적이 좋더라도 부정적인 사고방식을 가졌다면 공부를 못하게 될 가능성이 높고, 비록 지금은 성적이 그리 좋지 않지만 긍정적인 사고방식으로 살아가는 아이라면 반드시 성적이 오를 것이다.

보통 '당근과 채찍'은 교사나 부모가 아이들을 가르칠 때 사용하는 전략이라고 알려져 있는데, 이 원리를 혼자 공부할 때 자신에게 적용하는 것도 효과적이다.

자신이 계획한 대로 공부했다면 그에 대한 보상으로 하고 싶은 일 한 가지를 하는 것이다. 예를 들어 꼭 보고 싶은 TV 드라마가 있다면 '이번 주 내내 계획을 잘 지키면 주말에 좋아하는 드라마 재방송 보기'를 보상으로 주는 것이다(당근). 반대로 계획을 지키지 못했다면 스스로에게 뭔가 불이익을 주어야 한다. 그렇다고 의욕에 불타 '계획대로 못하면 다음 주 드라마까지 안 볼 거야'라고 채찍을 무겁게 하면 오히려 부작용이 난다. 채찍 전략보다는 당근 전략이 훨씬 더 효과적이기 때문이다.

잘했을 때 혜택을 주는 것이 못했을 때 불이익을 주는 것보다 더 효과가 높다. 당근은 크고 채찍은 작아야 한다는 점을 반드시 기억하자.

원칙 3 | 마감 효과로 집중력과 목표 달성률을 높인다

집중에는 두 가지 종류가 있다. 평온한 집중과 긴박한 집중.

조용한 방에서 공부가 잘될 때 생기는 집중은 평온한 집중이고, 시험 기간에 벼락치기를 하며 생기는 집중은 긴박한 집중이

다. 특히 긴박한 집중은 짧은 시간에 놀라운 힘을 발휘한다는 점에서 많은 학생들의 사랑(?)을 받고 있다.

시험 직전에는 본인도 놀랄 만큼의 학습 효과를 내곤 하는데 이를 '마감 효과'라 한다. 시험 때만 쓰기에는 아쉬운 이 집중력을 평소 공부에도 사용할 수는 없을까?

마감 효과의 핵심은 바로 '시간 제한'이다. 그러니 공부 계획을 세울 때 반드시 제한시간도 함께 정하자. '지금부터 30분 동안 여덟 문제를 풀겠다' 이런 식으로 계획을 세우면 목표 달성률이 훨씬 높아진다. 집에서 공부하는 것보다 학교에서 공부할 때 더 잘 되는 이유는 규칙적으로 종이 울리면서 시간을 구분해주기 때문이다. 끝나는 시간, 시작 시간을 인식하면 해야 할 공부도 구분하게 되고 작은 단위로 공부를 나누게 되어 성취도가 높다.

원칙 4 | 공부가 즐거워지는 조건 형성

러시아의 심리학자인 파블로프 박사는 아주 흥미롭고 유명한 실험을 했다. 개에게 먹이를 주기 전 종소리를 들려주는 일을 일정 기간 지속했더니 나중에는 종소리만 들어도 개가 침을 흘리더라는 것이다. 이처럼 아무런 관계가 없던 두 자극(먹이, 종소리)을 일정 기간 함께 제공하면 두 자극을 하나의 자극으로 인식하게 된다. '먹이=종소리'라는 조건이 형성되기 때문이다.

이 원리는 공부에도 적용할 수 있다. "집에서는 공부가 안 된다"고 투덜거리는 학생들은 대부분 하교 후 가방을 던져놓고 소파에 누워버린다. '집＝휴식'이라는 조건이 형성된 탓이다. 그렇게 되면 집에서는 긴장감도 없고 학습 효율이 떨어진다. 마찬가지로 책상에 앉아서 낙서를 하거나 핸드폰을 만지작거리는 등 다른 행동을 하면 책상은 그러한 행동들과 동일시된다. 그러니 책상에 앉아서는 공부에만 집중할 수 있도록 하고, 집중이 흐트러지면 즉시 책상에서 일어나 잠시 쉬는 것이 좋다. 책상이 부정적인 학습 태도와 동일시되지 않게 하는 것이 중요하다.

공부하기 전에 매번 같은 음악을 듣는다면 어떨까? 음악을 듣는 동안 마음이 정돈되고 공부를 훨씬 편한 마음으로 시작할 수 있다. 좋아하는 음악과 공부를 동일시해보자. 음악의 감동이 공부와 자연스럽게 연결될 것이다.

텔레비전 방송 시간을 공부 계획의 기준으로 삼아보자

마감 효과를 활용하기에 딱 좋은 도구가 텔레비전이다. 좋아하는 텔레비전 프로그램이 있다면 그 프로그램이 시작하기 1시간 전에는 반드시 공부를 시작하자. 끝나는 시간이 정해져 있으니 막연한 지루함도 없고 공부 후에는 텔레비전을 보며 쉴 수 있다는 기대감 때문에 집중력이 증폭된다. 특히 주말에는 재방송까지 있어 텔레비전을 시청할 수 있는 시간이 많다. 어떤 프로그램을 볼 것인지 미리 정하고 그 시간에 맞추어 공부 시간을 정하면 보고 싶은 프로그램을 모두 보고도 상당한 분량의 공부를 할 수 있다.

44

공부가 하고 싶어지면
한다고?

공부가 하고 싶어지면 한다고?

속 편하게 탱자탱자 노는 아이에게 왜 공부를 안 하느냐고 물으면 공부가 하고 싶지 않아서란다. 지금 당장 수능을 볼 것도 아니고 꼴찌를 하는 것도 아니니 적당히 할 만큼만 하겠단다. 지금은 억지로 공부를 하고 싶지 않으니 나중에 공부가 하고 싶은 마음이 생기면 그때 열심히 하겠다는 것이다. 특히 중학교 1, 2학년 남학생들 중에 이런 아이들이 많다. 속세를 떠난 듯한 이 평화로운 대답에 엄마들은 기가 막힌다.

하지만 공부의 생명은 꾸준함이다. 기분에 따라 띄엄띄엄 하는 공부로는 실력을 끌어올리기 힘든 이유는 그 사이에 공부한 내용을 까먹어서기도 하지만 공부를 소홀히 하는 동안 공부에 대한 욕구는 멀어지고, 공부를 더욱 가끔 하게 되며, 공부하면서 자연스럽게 형성되는 공부 습관이나 요령을 습득할 기회도 드물어지기 때문이다. 그러니 공부를 '하고 싶다'는 감정에 맡겨서는 곤란하다.

아이들의 속마음

공부가 하고 싶어지면 하겠다는 아이들 마음에는 어떤 생각이 들어 있을까? 사실은 은근한 자신감이 깔려 있다. '내가 안 해서 그렇지 마음먹고 하면 언제든지 잘할 수 있다'는 것이다. 지금은 복습도 안 하고 수업도 대충 듣지만 무슨 내용인지 파악은 하고 있으며, 시험 때 바짝 벼락치기를 하면 어느 정도 성적은 낼 수 있다는 자신감이다. 그러다 한두 번 벼락치기 공부를 해서 성적이 나오면 간덩이가 더 커진다. 공부가 하고 싶지 않으면 그나마 벼락치기도 안 한다. '성적이야 벼락 좀 치면 나오는 건데 뭐' 하는 생각이 드는 것이다.

이 위험하고 건방지고 교만하기 짝이 없는 생각은 중3쯤 되어서 잦아든다. 고입을 앞두고 이런저런 노력을 하기 때문에 대부분은 성적도 조금 회복을 하고 공부 습관은 자리를 잡아간다. 그러니 아이의 근성을 잘 알고 있는 부모라면 마음껏 여유를 즐기도록 지켜보는 배짱을 부려보자.

절대 먹히지 않는 잔소리

이런 아이에게 엄마들이 하는 단골 잔소리는 "그래도 공부는 매일 해야 하는 거야. 벼락치기를 해도 그 정도인데 평소에 꾸준히 하면 더 잘 나오지 않겠니?"이다. 하지만 아이들은 끄떡도 안 한다. 그 정도는 자신도 알기 때문이다. 알기 때문에 자신을 믿고 안 한다. 꾸준히 하면 더 잘하겠지만 꾸준히 하고 싶은 마음이 생기지 않는다. 매일 꾸준히 하는 공부가 귀찮은 거다.

무언가 조언을 해야 한다면 공부를 안 하고 있다는 표면적인 행동보다 그 행동을 유발하는 근본적인 태도를 지적하자.

"엄마는 너의 그 오만방자한 태도가 걱정스럽다. 바짝 공부하면 성적 좀 나온다고 그렇게 여유를 부리니? 모든 노력은 너를 넘어서려고 하는 거야. 공부도 마찬가지고. 큰사람이 되고 싶다면 네가 어디까지 잘할 수 있나 성적과 상관없이 노력하거라."

여기에 "네가 그런 태도를 보이는 걸 보니 엄마 아빠가 그동안 성적으로만 너를 평가했던 것 같구나. 생각해보니 엄마도 반성할 게 있네. 엄마도 노력할게"를 덧붙이면 금상첨화다. 별생각 없이 그냥 좀 놀고 싶었던 아이로서는 엄마가 자신의 언행을 두고 그렇게 많은 생각을 했다는 사실에 진지해질 수밖에 없다.

공부는 몸 → 머리 → 마음 순으로 한다

메가스터디의 손주은 대표는 "공부는 엉덩이로 한다"고 했다. 그다음으로 머리가 따라오고, 마음은 제일 마지막이라는 것이다. 오랜 시간 많은 학생들을 가르치고 대학에 보내본 선생님으로서 할 수 있는 통찰력 있는 결론이다. 100% 동의한다.

공부의 씨앗은 '내일 영어 쪽지시험 볼 거 공부해야 되는데' 같은 생각이지만 그것을 현실로 만드는 것은 몸이다. 하지만 생각이 몸으로 옮겨지기 전에 단어를 외울 때의 골치 아픈 느낌이 먼저 떠오른다면 행동은 바로 차단된다. 이성의 뇌보다 감성의 뇌가 활발히 작동하는 청소년기에 흔히 벌어지는 일이다. 따라서 일단 공부해야겠다는 생각이 떠오르면 뭉그적거리지 말고 일단 몸부터 움직이는 게 상책이다.

우선, 손으로 가방을 열어 책을 펴면 성공이다. 손이 가는 곳은 눈이 따르게 마련이고 눈이 가는 곳은 뇌가 따른다. '몇 쪽이었더라⋯⋯ 어? 여기다' 하면서 내용을 살피게 되고, '스무 개 정도 되네. 아는 단어가 좀 있나?' 하면서 자신도 모르게 단어를 읽게 된다. 머리는 이렇게 작동한다. '공부하고 싶다'는 마음의 절차는 없어도 된다. 아는 단어가 다섯 개만 있어도 안심이다. 그렇게 훑어만 보아도 훨씬 마음의 부담이 줄어들며, 전혀 외울 마음이 없다가도 해볼 만한 상태로 호전된다. 이때 옆에서 "다섯 개만 더 외워봐. 반땡만 해도 어디니?" 하고 가볍게 툭 쳐주면 어떨까? 금방 영어단어 다섯 개 외우기를 시작할 수 있다. 마음은 이렇게 만들어진다. 아는 것 다섯 개에 집에서 외운 것 다섯 개, 그렇게 탄력을 받은 아이는 학교에 가서라도 나머지를 외운다.

여기서 엄마가 조심해야 할 것은 단 하나, 욕심을 줄이는 것이다. "고작 스무 개를 못 외워서 쩔쩔매니?"라고 핀잔을 주면 아이의 공부 의욕은 그대로 꺾이고 만다.

시험공부를 하다가 책을 찢고 웁니다

Q 시험 기간이었어요. 아이는 늦게까지 공부를 하고 저는 먼저 잠이 들었습니다. 새벽에 뭔가 퉁탕거리는 소리가 나서 깨어보니 아이가 책을 찢고 던지면서 울고 있는 거예요. 너무 놀라 우선 아이를 재웠습니다. 공부하다 뭔가 마음대로 되지 않았는지 짜증이 났던 모양이에요. 어떻게 해야 할까요? 무슨 말을 해줘야 할지 모르겠습니다.

A 놀란 마음에 그냥 재우셨지만 잘하셨습니다. 이때는 말을 아끼는 게 가장 좋습니다. 할 건 많은데 진도는 나가지 않고, 피곤하고 하기 싫고 화가 났겠지요. 감정 조절이 어려운 사춘기 아이들은 소리를 지르거나 뭐든 집어던지고 울어버립니다. 벼락치기가 마음대로 되지 않는다는 사실을 그날 새벽에 온몸으로 경험했을 거예요. 앞으로의 공부를 생각한다면 결국 아이에게 유익이 될 경험입니다.

시험이 끝나고 나면 점수가 나오기 전에 "공부할 게 많아지면 벼락치기도 소용없어. 하고 싶은 만큼 못한다는 건 참으로 속상한 일이야. 그러니 분량이 많은 과목이라도 평소에 복습을 해두거라"라고 말해주세요. '매일 1시간 엄마랑 공부하기' 처럼 구체적인 실천 방안을 제안하면 더욱 좋습니다.

45

한 번에
하나씩

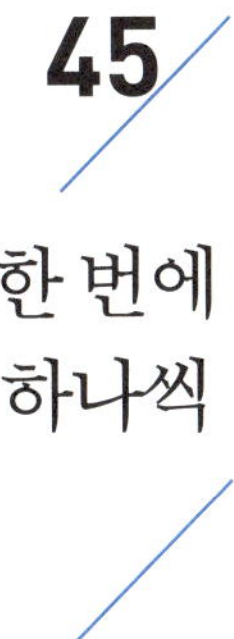

복습, 숙제 등 중학생들이 매일 해야 하는 공부는 오랜 시간을 필요로 하는 것들이 아니다. 마음잡고 하면 10분 전후로 끝낼 수 있는 공부들이니 이것저것 펼쳐놓지 말고 한 번에 하나씩 집중하는 훈련을 하자. 집중하는 동안 느끼는 뿌듯함과 행복감 덕에 아이들은 더 많은 공부를 할 수 있으며, 더 어려운 공부도 거침없이 해낼 수 있다.

무엇이든 시작하자

중학생이 된 아이들은 혼란스럽다. 학교생활이 복잡해졌기 때문이다. 우선 과목마다 선생님이 다르니 수업하는 방법도 다르고, 숙제며 유인물·노트 등 챙겨야 할 것도 수업마다 제각각이다. 담임선생님도 학교 분위기도 딱딱하다. 학교 끝나는 시간도 늦어지고 학원 끝나는 시간도 늦어지니 피곤하고 정신없다. 그럴수록 더욱 정신을 차려야 할 텐데 아이들은 책상에 앉아도 멍하기만 하다. 우선 뭘 해야 할지 떠오르지 않으며, 떠오른다 해도 우선순위를 결정하지 못한다.

할 건 많은데 핸드폰만 만지작거리는 아이들에게 내가 종종 권하는 방법이 '제비뽑기'다. 해야 할 것들을 메모지에 각각 적어서 〈1박 2일〉에 나오는 복불복 게임처럼 눈을 감고 하나를 뽑는다. 무엇이든 뽑히면 시작해야 한다. 일단 시작해야 집중할 수 있고, 집중에 시동이 걸려야 다음 공부도 가능하기 때문이다.

한 번에 하나씩 집중하자

무엇이든 시작했으면 그것에 몰입해야 한다. 그 공부가 다 끝날 때까지는 절대 다른 공부로 넘어가서는 안 된다. 이 규칙을 철저하게 지켜야 한다. 그러지 않으면 이것저것 찔끔거리다 아무런 성과도 내지 못하기 때문이다. 이 세상에 그것 말고 다른 공부는 없는 것처럼, 그 공부가 끝나면 세상을 떠날 것처럼 푹 빠져들어야 한다. 집중해야 하는 가장 큰 이유는 집중하는 동안 만들어지는 뿌듯함을 경험하기 위해서다. 집중하며 무언가를 열심히 할 때 뇌는 행복을 느끼는 호르몬을 분비한다. 자연스럽게 '공부를 열심히 하니 행복하구나. 다음에도 이렇게 해야지'라는 생각이 드는 것이다. 이것이 다음 공부의 동기가 된다.

공부를 시작하기 전의 귀찮음, 어려운 문제를 만났을 때의 좌절감, 해도 오르지 않을 거라는 두려움 등 공부를 하며 밀려드는 감정의 파도를 이길 수 있는 힘은 집중의 경험으로 쌓인 '그래도 하면 될 거야'라는 자신감에서 나온다.

작은 책상이 좋다

'한 번에 하나씩'은 잡념이 많아 고민인 아이에게 특히 더 필요하다. 가능하다면 집에서도 학교 책상처럼 작고 단순한 책상에서 공부를 하자. 책상이 크고 좋으면 책장과 컴퓨터, 달력 등 눈길을 끄는 잡동사니들이 많아지기 때문이다. 책상을 새로 마련하기 어렵다면 거실 식탁을 깨끗이 치우고 공부할 것 딱 하나만 들고 가서 집중하는 것도 좋다.

작은 책상 위에 공부할 것 한 가지를 올리고 그 공부가 다 끝나면 빌린 책상을 돌려주기라도 할 것처럼 책상을 말끔히 치운다. 그리고 나서 다음 공부를 시작한다. 다음에 어떤 공부를 할지 다시 제비를 뽑으면 된다. 10분, 20분 단위로 책상을 열심히 치우고 부지런히 이 책 저 책을 옮겨 가며 공부하는 것이다. 번거로울 것 같지만 오히려 더 효과적이다. 책상을 치우고 책을 정리하는 동안 자연스럽게 휴식이 되며 몸도 마음도 다음 공부를 위한 준비를 할 수 있다.

장기적으로 몰입해야 할 공부는 이렇게

숙제, 복습 등 매일 해야 할 공부만 집중적으로 끝내도 상위권의 성적을 낼 수 있다. 욕심을 내 '한 달 동안 이 책 한 권을 다 푼 다'와 같이 장기 프로젝트에 도전하고 싶다면 마찬가지로 '한 번에 하나씩 집중'의 원칙을 적용할 수 있다.

● 한 달 동안 그 책을 모두 끝내려면 매일 얼마나 공부해야 하는지 학습 분량을 정한다.

● 그 공부를 첫 번째 우선순위로 두어 다른 공부보다 먼저 시작한다(즉 제비뽑기에서 제외된다).

● 페이지마다 날짜를 적고 그날의 공부를 꼭 실천하도록 늘 의식한다.

● 몸이 아프거나 집에 손님이 오는 등 공부하기 어려운 상황이 생기더라도 그날의 공부만큼은 꼭 하도록 한다(때로는 형식적이고 고집스러운 실천도 필요하다).

● 장기적인 집중이 필요한 공부는 가족이 도와주어야 한다. 멀리 외출할 때는 책을 챙겨서 이동 중에라도 공부할 수 있도록 격려하자.

● 한 달 후 목표한 대로 책 한 권을 끝냈다는 성취감이 부모의 백 마디 말보다 훨씬 위대한 교훈이 된다.

46

음악 들으며
공부해도 괜찮을까?

아이들에게 왜 음악을 들으며 공부를 하느냐고 물으면 음악을 들어야 집중이 잘되기 때문이라고 한다. 어른들은 이어폰에서 나오는 음악이 공부를 더 방해할 것 같다고 생각하지만 실제로는 그렇지 않다. 이어폰은 주변의 잡스러운 소음을 차단하고 자기만의 세상에 집중하기 위해 아이들이 손쉽게 택할 수 있는 방법이다. 단, 집중력이 음악으로 옮겨 가지 않도록 적당한 선에서 음악을 꺼야 하며, 실전에서는 음악을 들을 수 없다는 점을 감안해 음악 없이 집중하는 시간을 늘리는 연습을 해야 한다.

이어폰은 나만의 세상을 의미한다

음악을 들으며 공부를 하다니, 초등학교 때까지 그런 모습을 보인 적 없던 아이가 그러고 있는 걸 보면 어느 부모라도 걱정이 된다. 하지만 아이가 이어폰을 꽂고 무언가를 하는 장면은 중1 이후 점점 자주 보게 될 것이며, 어느 정도는 눈감아줘야 할 부분이다. 이어폰을 꽂는다는 건 나만의 세상에 들어갔음을 의미하기 때문이다. 사춘기가 시작된 아이라면 자연스러운 성장의 단계다.

방문을 걸어 잠그거나 이불을 뒤집어쓰고 눕는 행동이 잦아지는 것도 같은 맥락이다. 화가 나거나 우울할 때 특히 그렇지만, 공부를 위해 조용히 집중이 필요할 때도 아이들은 자기만의 세상에 들어가는 방법을 택한다. 그러니 공부하며 음악을 듣는 것을 단순히 '공부 방해'로만 여길 일은 아니다.

음악은 주변의 방해 요소를 차단한다

아이들은 공부할 때뿐만 아니라 운동을 할 때도 이어폰을 꽂는 경우가 많다. 헬스클럽에 가면 자전거나 러닝머신 앞에 TV 모니터와 헤드셋이 함께 놓여 있는데, 뭔가를 보거나 듣는 것에 집중하면 힘든 것이 덜 느껴지고 반복되는 동작의 지루함도 덜어지기 때문이다. 또 주변 소음 등을 차단해 운동 중에 호흡이나 근육의 움직임에 더 집중할 수도 있다.

학생들이 공부를 하며 음악을 듣는 것도 같은 이치다. 어른들이 보기에는 저 시끄러운 음악을 들으며 무슨 공부를 할까 싶지만 공부를 시작하고 유지하는 데 필요한 집중력을 모아주는 기능을 하는 건 사실이다. 대부분은 공부를 시작할 무렵에 음악의 힘을 빌려 집중을 하는데, 나중에는 음악을 듣고 있는지도 느끼지 못하게 된다. 화장실에 가려고 확인해보니 CD 트랙 중에서 9번까지 지나가 있는 경우가 허다하다.

이와 같은 긍정적인 면에도 불구하고 공부를 하면서 음악을 들으면 안 좋은 이유는 자기도 모르게 공부에서 음악으로 관심이 쏠리기 때문이다. 리듬을 타고 음을 흥얼거리거나 노래를 따라 부르는 등 집중이 공부에서 음악으로 옮겨 가는 것은 의지로 막기 어렵다. 공부를 시작할 때 5~10분 정도 들으며 집중에 도움을 받고 (가사가 없는 음악이면 더욱 좋다) 그 후에는 음악을 끄고 이어폰만 꼽은 채 공부를 해나가다가 이어폰을 빼는 식으로 점진적인 실천을 권해보자. 음악을 듣다가 갑자기 끄고 이어폰을 빼는 것은 오히려 모아졌던 집중을 한꺼번에 흩어지게 한다.

자기만의 집중 방법이 있다면 괜찮다

학생들마다 언제 음악을 듣고 언제 안 듣는지는 모두 다르다. 어른들의 눈에는 음악을 들으며 공부하는 모든 행동이 위험해 보이겠지만 학생들은 나름대로 자기만의 집중 방법이 있다.

수학 문제를 풀 때만 음악을 듣는다든지, 영어단어를 외울 때만 음악을 듣는다는지 하는 식이다. 음악을 들으면 방해가 되는 과목이 있고, 음악을 들어야 집중이 되는 과목이 있다는 걸 스스로 느끼고 있다면 그것은 자기만의 학습 스타일이고 즐거움이므로 자율적으로 활용할 수 있게 두는 것도 좋다.

실전에서는 음악을 들을 수 없다는 점을 알려주자

평소에 하는 공부는 실전에서 좋은 결과를 내기 위한 연습이다. 그런데 정작 중요한 수업 시간이나 시험 때는 음악을 들을 수 없다. 음악을 들으며 집중하고 공부하는 것을 '연습'한 학생이 실전에서 제 기량을 발휘할 수 없는 것은 당연하다. 궁금한 것을 찾아보고 책을 읽는 모든 배움의 과정은 즐거워야 한다. 다만 목표한 바를 이루기 위해 시험을 치러야 하는 공부라면 그 공부만큼은 실전과 동일한 환경에서 집중하고 생각하는 것이 필수다.

지금 내가 하는 공부가 무엇을 위한 것인지 생각하게 하자. 즐길 만한 공부라면 음악과 함께 즐길 줄 알아야 하고, 성과를 위한 공부라면 차갑게 끊어내야 한다.

음악을 듣지 않고 집중할 수 있는 시간을 조금씩 늘린다

학생들은 스스로도 공부할 때 음악을 들으면 안 된다는 생각을 하고 있다. 다만 하지 말라는 잔소리가 싫어 자제하려는 마음을 덮어버리는 것이다.

아이와 함께 음악을 듣지 않고 집중할 수 있는 시간이 얼마나 되는지 체크해보자. 공부를 시작해서 '지루하다', '산만하다' 하는 마음이 들 때까지의 시간을 측정해보면 아마 10분을 넘기기 어려울 것이다. 음악이 없는 상태에서 자신의 집중 정도와 시간을 안다면 심각성을 더 느끼게 마련이다.

늘 음악을 들은 학생들은 음악을 듣지 않으면 무언가 허전하다며 공부를 시작하는 것을 어려워한다. 하지만 5분, 10분, 15분……조금씩 음악 없이 하는 공부 시간을 늘려가는 훈련이 필요하다. 음악을 듣지 않고도 집중하고 공부하는 것이 충분히 몸에 밸 수 있도록 1~2주 간격으로 시간을 체크하고, 목표 시간을 늘리는 노력을 해보자. 처음에는 5분 공부하기도 쉽지 않겠지만 1분, 2분씩 더 하다 보면 20분, 30분도 끄떡없게 된다. 습관은 보이지 않게 조금씩 강해질 것이다.

집중력 향상에 도움을 주는 모차르트 음악

모차르트의 음악이 집중력 향상에 도움을 준다는 연구 결과가 있다. 모차르트의 음악을 들으면 평상시의 뇌파가 공부하거나 집중할 때 생기는 뇌파로 유도된다는데, 볼륨을 거슬리지 않을 정도로 잠잠하게 조절하고 공부를 시작해보자. 다음 곡들은 집중력 향상에 도움이 되는 모차르트의 음악들이다.

- 교향곡 제25번 g단조 K.183 1악장 알레그로 콘 브리오

- 클라리넷 5중주곡 A장조 K.581 2악장 라르게토

- 피아노 협주곡 제23번 A장조 K.488 2악장 아다지오

- 두 대의 피아노를 위한 소나타 D장조 K.448 1악장 알레그로

  콘 스피리토

- 피아노 소나타 제14번 c단조 K.457 2악장 아다지오

- 바이올린 협주곡 제3번 G장조 K.216 1악장 알레그로

- 네 손을 위한 피아노 소나타 D장조 K.381 2악장 안단테

- 교향곡 41번 C장조 주피터 K.551 4악장 몰토 알레그로

- 피아노 협주곡 제21번 C장조 K.467 2악장 안단테

47

집중 시간
파악하기

착실히 책상 앞을 지키는 시간이 많다고 해서 학습의 효율이 보장되는 것은 아니다. 아이마다 집중할 수 있는 시간이 다르기 때문이다. 자신의 집중 시간이 얼마나 되는지 안다면 그 시간만큼은 공부를 하며 최상의 집중력을 쏟을 수 있고, 책상 앞에서의 공부 답답증은 점차 사라진다. 아이들의 집중 시간이 짧은 것은 당연하니 집중 가능한 시간만큼 최상의 공부를 할 수 있도록 돕자.

집중 토막 공부가 필요한 이유

중학생들에게 자습을 하라고 한 후 "공부 시작 후 집중력이 떨어지는 느낌이 들 때 조용히 손을 드세요"라고 했다. 아이들은 몇 분 정도 지나 손을 들까?

강의장에서 이 질문을 던지면 5분, 20분 각각 자신을 기준으로 대답을 한다. 1분이나 10초라고 답하는 아이들도 있다. 농담인 듯 웃지만 시작하자마자 공부가 하기 싫어질 때도 있으니 틀린 답도 아니다. 실제로 공부를 시작한 아이들은 7~8분 사이에 손을 가장 많이 든다.

즉 학교에서 선생님이 자습을 하라고 시간을 주면 10분도 안 되어 산만해지고 웅성거린다는 얘기다. 그때마다 선생님은 주의를 주고 떠드는 아이들을 내보내는 등 분위기를 다잡는다.

그렇다면 집에서는 어떨까? 공부를 시작하고 몇 분이 지나면 핸드폰을 만지작거리고 다리를 떨며 산만해진다. 지켜보는 선생님도 없으니 다시 집중 상태로 돌아가기는 힘들다. 수업 시간에도 마찬가지다. 수업의 흐름과 선생님의 설명에 동참하지 않으면 아이들은 잡념을 타고 수업 시간 내내 영혼 없이 자리만 지키고 앉아 있을 수 있다.

그래서 집중 토막 공부가 필요하다. 내가 집중할 수 있는 시간만큼 공부를 하고 나도 모르게 산만해진 집중 상태를 의식적으로 끌어올려 다시 공부를 이어가야 하기 때문이다. 그러지 않으면 점점 떨어지는 집중력을 그대로 방치하게 된다.

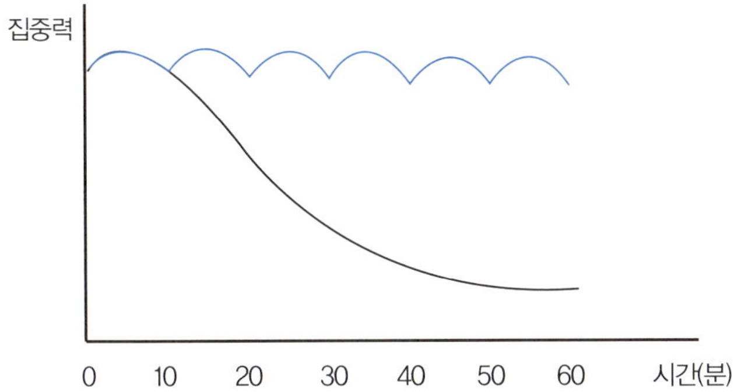

집중 가능 시간이 10분이라면 10분마다 의식적으로 집중 상태를 점검해 최상의 집중력이 지속되도록 해야 한다(파란색 선). 그러지 않으면 최초 10분만 집중 상태에서 공부가 이루어지고 점점 효율이 떨어진다(검은색 선). 그대로 방치하면 잡념, 산만함, 졸음 등으로 나머지 공부 시간을 그냥 '버티게' 된다.

나의 집중 시간은 몇 분?

학교 자습실이나 도서관 등 아이들이 공부하는 곳에서 집중 시간을 초시계로 재본 적이 있다. 차분하고 성실하기 그지없는 여학생을 대상으로 했을 때도 20분을 넘지 못했다. 공부를 하러 도서관에 왔으니 공부를 아주 안 하는 학생들은 아니고, 성별과 연령을 섞어 앉히고 시간을 재봤는데도 평균 15분을 넘기지 못했다.

아이의 집중 시간을 정확히 아는 것은 매우 중요하다. 공부의 효율을 올리고 휴식시간을 어떻게 배치해야 하는지는 물론 딱 맞는 공부 시간 계획과도 관련되어 있기 때문이다. 아이와 함께 공부하며 집중 시간을 재보자(엄마의 집중 시간도 아이와 큰 차이가 나지 않는다는 점에 놀라게 될 것이다). 공부 과목의 선호도에 따라 집중 시간이 달라질 수 있다.

1. 초시계를 준비한다(핸드폰의 스톱워치 기능을 사용한다).
2. 시작과 함께 초시계를 누르고 공부를 시작한다.
3. 공부를 시작해서 졸리거나 '힘들다', '그만하고 싶다' 같은 생각이 나기 시작할 때까지의 시간을 잰다.
4. 3~5회 측정해 평균을 낸다.

1회	2회	3회	4회	5회	평균

집중 시간이 짧은 것은 당연하다

많은 학생들을 관찰하면서 확신하게 된 점은, 오랫동안 책상에 앉아 있는 학생들은 많지만 흔들리지 않고 공부에 빠져 있는 시간은 지극히 짧다는 것이다. 그리고 집중 시간이 지나면 바로 지친다. 자세가 흐트러지기도 하고 잡념이 생기며 잠이 쏟아진다.

하지만 전두엽이 미성숙한 사춘기 아이들이 집중 시간이 짧은 것은 당연한 일이다. "어떻게 10분을 못 앉아 있니?" 하며 짧은 집중 시간을 탓하기보다 아이의 집중 시간을 정확히 파악하는 것이 오히려 학습 전략에 도움이 된다.

자신의 집중 시간을 파악하세요

저는 재수를 하고 대학생이 되었습니다. 중·고등학교를 거쳐 재수까지 했지만 공부를 제대로 한 것은 재수 기간을 절반 이상 보낸 후였어요. 학교 다니는 내내 상위권 성적을 유지하며 공부를 열심히 한다고 했지만 제 집중력이 어느 정도나 되는지는 한 번도 생각해본 적이 없습니다.

그러다 재수를 할 때 비로소 '공부는 양보다 질'이라는 걸 깨달았어요. 그래서 집중 시간을 체크했죠. 그랬더니 컨디션이 좋은 날에도 30분을 넘지 않는다는 걸 알았습니다. 충격적이기도 하고 실망스럽기도 했지만 30분이 지나면 지치고 공부 효율도 떨어졌습니다. 그래서 30분짜리 토막 공부를 최대한 많이 모아보기로 했어요. 하지만 하루 종일 노력한 날에도 토막 공부를 8개 이상 모으기는 어려웠습니다. 고3 때는 매일 하루 종일 책상 앞에 앉아 있었는데 제 집중 시간을 생각해보면 그냥 자리만 지키고 있었던 거죠. 공부한다는 착각을 하면서요.

수험생으로서는 짧은 시간이었지만 내가 할 수 있는 집중 시간을 최대한 지켰더니 성적은 고3 때보다 훨씬 잘 나왔습니다. 제가 집중할 수 있는 시간을 조금 일찍 알았더라면 공부하는 재미를 일찍 알았을 것이고, 재수를 할 필요도 없었을 거예요.

자신의 집중 시간을 점검해보세요. 욕심 없이 그만큼만 집중하고 토막 공부들을 모으면 어떤 공부든 다 해낼 수 있습니다.

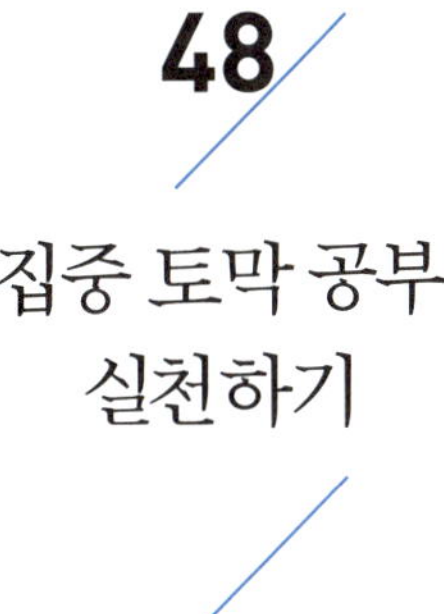

48

집중 토막 공부
실천하기

1시간을 공부한다면 10분짜리 공부를 여섯 번 하는 것이 60분 내내 공부하는 것보다 훨씬 낫다. 집중 가능한 시간만큼 토막 공부를 하자. 그 토막을 여러 개 모아 긴 시간을 빈틈없이 채우는 공부가 몸에 익어야 한다.

집중 토막 공부 실천은 이렇게

아이의 집중 시간이 10분이라면 알람으로 10분을 정해두고 10분만 공부하게 하자. 그 10분 동안에는 핸드폰을 만지거나 물 마시기, 화장실 가기, 텔레비전의 유혹 참기도 어렵지 않을 것이다. 엄마가 시간을 잴 경우 시간을 속이지 말자. 10분이 되었는데도 일부러 알리지 않고 공부 시간을 끌거나, 15분을 10분이라고 하면 아이들은 엄마를 믿지 않는다. 공부하는 내내 시간을 의식하느라 집중 토막 공부를 제대로 할 수가 없다.

10분 후 알람이 울리면 1~2분 정도 간단히 휴식시간을 갖는다. 휴식은 화장실을 다녀오고 핸드폰을 확인하거나 음료수를 마시는 등 간단히 '환기'하는 정도가 좋다. 짧은 휴식이므로 텔레비전 시청이나 잠은 피한다.

휴식이 끝나면 다시 마음을 잡고 10분 공부를 시작한다. 앞서 한 집중 토막 공부를 2~3회(점차 늘려간다) 실시한 후에는 15분 정도의 쉬는 시간을 둔다. 과목을 바꿀 것인지, 이대로 조금 더 할 것인지, 학습 계획을 바꾸어야 할 필요는 없는지 등을 휴식시간에 점검하는 것이 좋다.

| 집중 토막 공부의 진행 |

학교나 학원에서 주어지는 자습시간은 40~50분 단위로 끊어지는데, 이 시간을 모두 알차게 사용하는 학생은 거의 없다. 이때

도 스스로 집중 시간만큼 공부하고 잠시 기지개를 켜거나 책을 넘겨보는 등의 휴식을 취하면서 자신만의 공부 리듬을 지켜나가는 것이 좋다.

집중 토막 공부의 효과

1시간 동안 한자리에 앉아서 공부하는 것보다 10분짜리 공부를 6개 모은 것의 공부량이 훨씬 많다. 양뿐만 아니라 이해의 정도, 기억의 정도도 비교할 수 없을 만큼 훌륭하다. 집중력을 쏟아부어 몰입한 60분이기 때문이다. 이 방법으로 처음 공부를 해본 아이들은 한결같이 "10분이 정말 길다"고 말한다. 내가 집중할 수 있는 만큼만 공부를 하면 지루하지 않을뿐더러 공부를 할 때마다 집중하는 습관이 생긴다.

집중 시간 늘리기

집중 시간을 늘리는 것은 집중 토막 공부가 충분히 익숙해진 후여야 한다. 이 점은 엄마들이 특히 주의해야 한다. 집중 토막 공부를 시작하자마자 시간을 늘리려는 엄마들이 많기 때문이다. 그러면 집중 토막 공부를 하는 의미가 없다. 집중 시간이 길게 느껴지지 않고 시간 가는 줄 모르게 공부에 몰입할 수 있게 되면 그때 조금씩 시도해야 한다.

집중 시간 늘리기는 좋아하거나 자신 있는 과목을 공부할 때 하는 것이 좋다. 컨디션까지 좋아서 공부가 잘되는 날에는 평소보다 집중 시간을 2~3분 추가해보자. 짧은 시간 같지만 대부분 아이들은 공부 시간이 길어졌다는 것을 느낀다. 평소 집중 토막 공부 시간이 10분이라면 처음에는 10분, 그다음에는 12분, 그다음에는 다시 10분 이렇게 이어나가야 부담이 없다. 억지로 늘어난 시간을 채우고 있다는 느낌이 들면 무리하지 말고 평소대로 공부해야 한다.

15분, 18분, 20분까지는 집중 시간이 매우 더디게 늘어날 것이다. 그 이후에는 5분이나 10분씩 늘려도 거뜬하다. 그동안 집중하는 공부에 익숙해지기도 했고, 학년이 올라가면서 짧게 해치우는 공부보다 깊이 생각해야 하는 공부가 많아지기 때문이기도 하다. 중2 말까지 20분 집중 토막 공부를 자연스럽게 하는 정도면 충분하다. 물론 개인차가 있으니 중3 말에 20분 집중 토막 공부를 해도 상관없다.

집중 토막 공부로 자투리 시간 활용하기

집중 시간 동안 무엇을 얼마나 공부할 수 있는지 기록을 해두면 시간 활용에 요긴한 자료가 된다.

| 집중 시간 15분 동안 할 수 있는 것들 |

- 영어 독해 3~4문제 풀기
- 영어 단어 10개 외우기
- 수학 응용문제 2~3개 풀기
- 독서

집중 시간을 잘 활용하면 자투리시간도 그냥 보내지 않는다. 특히 집에 있을 때는 학원 다녀와서 밥 먹고 씻고 텔레비전 보는 등 시간을 구분하지 않고 쓰게 되는데, 밥을 먹고 좋아하는 드라마가 시작하기 전 25분이 남았다면 아이는 그 시간을 활용해 '영어 단어 10개 외우고 수학 문제 2개 풀기'라는 작은 학습 목표를 성취할 수 있다.

49

독서실 활용은
짧고 굵게

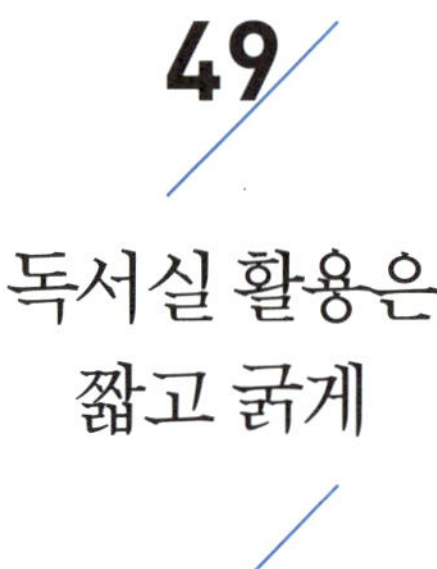

아이들은 집에서 공부가 안 된다며 독서실을 찾는다. 그러나 독서실이 엄마의 잔소리에서 벗어나기 위한 피난처가 된다면 학습 효율을 기대할 수 없다. 무엇을 어떻게 공부할지 구체적으로 정해 1~2시간 집중할 수 있도록 가방을 챙겨야 하며, 간식과 식사는 집에서 하도록 챙겨주자. 집 근처에 공공 도서관이 있다면 어두컴컴하고 비싼 사설 독서실보다 훨씬 낫다.

집에서는 공부가 안 된다는 아이들

독서실에 간다는 자녀에게 집에서 하지 왜 독서실에 가느냐고 물으면 집에서는 공부가 안 된다고 한다. 시끄러운 동생이 있는 것도 아니고 엄마도 외출 중일 때가 많아 하교 후 돌아오면 아무도 없는 조용한 집인데, 왜 집에서는 공부가 안 되는 것인지 이해할 수가 없다.

하지만 공부라는 게 조용하다고 다 되는 게 아니다. 집에 돌아오면 긴장이 풀어지고 '자연 상태의 나'가 되어버린다. 두뇌는 학교에 있는 긴 시간 동안 여러 가지 자극을 받아들이느라 매우 피곤한 상태이므로 꼼짝도 하기 싫어진다. 간식을 먹고 좀 쉬면 나아지지만 그 휴식이 어디 잠깐으로 그치던가. 소파에 누운 몸은 그대로 잠들어버리고 깨우는 사람이 없으면 학원 시간도 지나가버린다. 책상에 앉더라도 집중이 잘되지 않는다. 방에 있는 온갖 물건이 눈에 들어오고, 편해진 몸과 마음은 좀처럼 공부 속도를 내지 못한다. 아빠들이 주말에 일거리를 들고 와도 제대로 일하지 못하는 것과 같다.

아이들이 집에서 공부가 안 된다며 독서실비를 달라고 하는 이유는 이 때문이다. 공부할 책상이 없어서가 아니다. 집은 공부하기에는 너무 편한 곳이기 때문이다. 그래서 아이들은 텔레비전도 없고 냉장고도 없고 아무 데나 드러누울 수도 없는 조금 불편한 독서실을 일부러 찾는 것이다.

집에서 가까운 곳이 좋다

아이가 독서실을 간다니 어딜 보내면 좋을지, 비용은 얼마나 드는지 엄마들은 또 머리가 복잡해진다. 독서실 비용은 월 15만원 전후로 지역마다 차이가 있으며, 한 독서실 안에서도 1인실, 다인실, 멀티 책상 등 조건에 따라 차이가 난다. 요즘은 엄마들이 함께 독서실을 방문해 열람실을 들여다본 후 결정하는 추세다.

시설이야 어떻든 독서실 선택에서 가장 중요한 것은 집에서 가까워야 한다는 점이다. 친구와 함께 다닌다거나 학교에서 바로 간다는 이유로 집과 거리가 멀어지면 결국은 독서실 가는 횟수가 줄어든다. 그뿐인가. 한번 가면 집에 들를 수 없으므로 식사와 간식을 밖에서 해결하게 되고, 들고 다니는 책이 많아지며, 집에 두고 온 유인물이나 노트 때문에 제대로 공부를 하지 못하게 되는 등 비효율이 반복된다.

독서실에서 할 공부를 구체적으로 정해야 한다

독서실에 내 자리가 생기면 하루 종일 앉아 있든 한 시간을 앉아 있든 비용은 같다. 하지만 본전을 뽑기 위해 하루 종일 독서실에서 공부하라고 아이를 몰아세워서는 안 된다. 공부는 집중과 효율로 하는 것이기 때문이다.

독서실에 가기 전에 무엇을 어떻게 공부할지 구체적으로 정해야 한다. '수학 문제집 2장(40분), 국어 수행평가 책 읽기(30분)' 이렇게 예상 시간까지 고려해야 하며 한 번 독서실을 갈 때의 공부 시간은 2시간을 넘지 않는 것이 좋다. 가방을 챙길 때도 꼭 필요한 책들만 들고 가며, 계획한 공부가 끝나면 집으로 돌아오게 해야 한다. 집으로 오는 길에 잠시 걸으며 기분전환을 하고 집에서 간식과 식사를 해결하고, 공부가 더 필요하면 그다음 공부할 것을 챙겨 다시 독서실로 가면 된다. 마찬가지로 1~2시간 내에 할 수 있는 공부 분량이어야 한다.

이렇게 해야 눈앞의 공부에 집중할 수 있으며 계획한 공부를 마칠 수 있다. 중학생은 매일 2시간 정도 꾸준히 집중하면 복습을 포함해 충분히 공부를 할 수 있다.

중학생 엄마라면 같은 시간 동안 해낼 수 있는 공부 양을 늘리는 것을 욕심내야지, 공부하는 시간을 늘리는 것을 욕심내서는 안 된다.

독서실에 짐이 많아지면 안 된다

고시생이나 재수생 등 독서실에서 살다시피 하는 사람들의 책상은 가관이다. 방석과 물병, 칫솔, 치약은 기본이고 낮잠용 쿠션과 독서대, 휴대폰 충전 잭, 무릎담요, 휴지 등이 널려 있다. 아이들이 이런 걸 따라 하면 안 된다. 독서실은 편하자고 가는 곳이 아니기 때문이다.

독서실은 정해진 공부만 하는 곳이어야 한다. 양치질, 낮잠, 용변 등 웬만한 볼일은 1~2시간 집중하고 집에 돌아와서 해결하도록 지도하자. 마치 제한 시간 후 독서실이 폭발이라도 할 것 같은 마음가짐이어야 한다.

독서실에서 꼭 공부만 하는 것은 아니다

수행평가 과제를 할 때도 아이들은 대단한 노력을 한다. 숙제가 밀려 있다면 독서실을 이용해보자. 집중력을 발휘하면 산더미 같은 과제도 생각보다 일찍 마무리할 수 있다. 집에서라면 텔레비전 앞에 밥상을 놓고 바닥에는 과제를 펼쳐놓고 하겠지만, 독서실에서는 그럴 수 없기 때문이다.

진지한 고민거리가 있을 때도 독서실을 이용할 수 있다. 진로, 부모와의 갈등, 친구 문제 등 오만 가지 잡념으로 머리가 복잡할 때는 두고두고 고민하는 것보다 날을 정해 생각을 정리하는 것이 좋다. 이런저런 생각이 길어지면 혼란스러운 감정으로 변질될 수 있기 때문이다.

아이가 복잡한 문제로 고민하는 것 같으면 연습장 한 권과 펜 하나만 들려서 조용한 독서실로 보내자. 종이에 적어가며 생각을 정리하다 보면 명료하게 결론을 추려낼 수 있을 것이다.

> ### 학교 도서관, 공공 도서관 활용하기
>
> 하루 1~2시간 집중하는 공부라면 학교 도서관이나 공공 도서관을 이용하는 것도 좋다. 대부분 학교는 도서관이나 자습실을 개방해 방과 후에도 이용할 수 있도록 하고 있지만 아이들은 도서

관에 남아서 공부를 하지 않는다. 친구들과 함께 하교하지 않고 유난스럽게 공부하는 티를 내는 게 싫기 때문이다(중학생이라 그렇다. 고등학생이 되면 내 공부를 먼저 챙긴다).

집 근처에 공공 도서관이 있다면 평소 공부를 위해서는 독서실보다 공공 도서관이 낫다. 시끄러워서 싫다는 아이들도 있는데, 중·고등학생들이 몰리는 시험 기간에만 도서관에 간 녀석들이 하는 말이다. 평소에는 청소년보다 어른들이 더 많아 공부 분위기가 괜찮다. 오히려 어른들의 민원으로 청소년실과 성인실을 구분하는 도서관이 생겨날 정도다.

대학생, 직장인, 노인에 이르기까지 다양한 사람들이 공부하는 모습을 보는 것은 그 자체로 훌륭한 체험학습이다. 책상을 지나치면서 보이는 두꺼운 전공 서적, 깨알 같은 수험서, 빈틈없는 노트들은 내 공부를 더욱 진지하게 만든다. 어두컴컴한 독서실과 달리 밝고 열린 공간이라는 점도 좋고, 내 자리가 정해지지 않아 짐을 쌓아둘 수 없다는 점은 공부를 간편하게 만든다. 무엇보다 돈이 들지 않으니 구체적인 공부 계획만 잘 세운다면 독서실을 갈 이유가 없다.

1~2시간 집중 공부를 하는 평소에는 공공 도서관을 이용하고, 공공 도서관이 시끄러워지는 시험 기간에는 2주 정도만 집에서 공부하거나 사설 독서실을 이용하면 적당하다.

50

독서실이 유익한 아이,
독서실이 해로운 아이

독서실에 간다고 누구나 집중이 잘되는 것도 아니고 안 되던 공부가 새삼스럽게 잘되는 것도 아니다. 우선, 독서실은 '조용히 집중하기에 좋은 장소'라는 특징이 있다. 따라서 '조용'과 '집중'을 활용할 수 있어야 한다. 반대로 조용한 장소에서 공부가 잘되지 않는 학생은 '조용'과 '집중'을 활용해도 이득이 없으므로 독서실에 가지 않는 것이 좋다.

이런 학생들은 독서실에서 효율을 높일 수 있다

● 자기만의 시간과 공간을 즐기는 학생 : 내향형 학생들은 독서실이 편안하다. 그 누구의 방해도 받지 않는 자기만의 공간이 확보되기 때문이다. 이런 아이들은 독서실에서 공부뿐만 아니라

일기를 쓰기도 하고 다이어리 정리도 하며 자기만의 시간을 즐긴
다. 꼼지락거리는 이 시간이 내향형 학생들에게 소중한 에너지원
이 된다. 당연히 공부를 하기에도 매우 적당한 장소다.

● 오랜 시간 집중하기가 어려운 학생 : 이런 아이들은 집에서
는 더더욱 집중하기가 어려울 것이다. 집에 있으면 옷도 편하게
입게 되고 머리도 감기 싫어지는 등 좀처럼 긴장을 하기가 쉽지
않기 때문이다. 독서실에서 공부를 할 때는 30분 간격으로 쉬는
시간을 만드는 것이 좋다. '지루할 만하면 휴식'이 이어지는 리듬
이 집중력을 더해줄 것이다.

● 일단 시작하면 끝까지 몰입하는 학생 : 핸드폰, 텔레비전 등
의 방해 요소가 있으면 집중력을 해치고 시간을 잡아먹게 된다.
하루 종일 독서실에 있는 것보다는 3~5시간 동안 '끝내야 할 것'
을 정하고 몰입하자. 중간에 식사도 휴식도 필요 없다. 그리고 혼
자 독서실에 가야 한다. 친구들과 함께 독서실에 간다면 장시간
집중하는 데 방해가 될 수 있기 때문이다.

● 자기만의 공부방이 없는 학생 : 동생과 함께 방을 쓰거나 책
상이 따로 없는 학생들도 꽤 많다. 공부 환경, 공부 자세가 안정적
이지 않다면 독서실을 활용하는 것도 좋다. 그렇더라도 독서실에
서 무엇을 공부하고 정리할지에 대한 명료한 계획은 독서실에 가
기 전에 세워야 한다.

이런 학생들은 독서실에 가지 않는 것이 좋다

● 쉽게 우울해지는 학생 : 어둡고 조용한 독서실에 있으면 더없이 가라앉게 된다. 부정적인 생각에 묻히거나 공부에 대한 동기부여가 되지 않으면 학습 효과가 나지 않는다. 집에서의 책상 배치도 신경 써야 한다. 창가에 책상을 두어 해가 잘 들도록 하고, 저녁 시간보다는 아침에 시간을 내 공부하는 것이 좋다.

● 조용한 분위기에 답답함을 느끼는 학생 : 공부를 할 때도 중얼중얼하거나 몸을 움직이는 것이 편한 학생들이다. 이런 아이들은 독서실의 다른 학생들에게 방해가 되기도 하지만, 무엇보다 본인에게 도움이 되지 않는다. 정해진 자리에 꼼짝없이 앉아 있는 것을 싫어하는 학생은 독서실에서 집중하기가 더욱 어렵기 때문이다. 탁 트인 공원이나 놀이터, 집에서 자유롭게 공부하는 것이 가장 좋다.

● 주변의 상황 변화에 민감하게 반응하는 학생 : 독서실에서는 볼펜 떨어지는 소리, 기침 소리, 핸드폰 진동, 발자국 소리 등이 크게 들린다. 이 소리들이 귀에 거슬린다면 공부를 하기 어렵다. 주로 오감이 잘 발달된 학생들이 주변 자극들에 민감한데, 사설 독서실보다는 공공 도서관을 이용하기를 권한다. 공부하는 분위기는 조성되어 있지만 지나치게 고요하지 않아 좋다.

● 친구들과 어울리는 것을 좋아하는 학생 : 특히 시험 기간에는 각 학교의 학생들이 모두 독서실로 모여들기 때문에 크고 작은

'이슈'들이 생기게 마련이다. 간혹 싸움이 붙어 구경거리가 생길 때도 있고, 독서실에서 반가운 친구를 만나면 같이 밥을 먹고 노래방으로 가버리는 일도 많다. 사람 좋아하는 성격 때문인데, 공부가 필요할 때는 집에서 학습 계획을 실천하는 것이 지혜로운 방법이다.

'독서실 착각'을 조심하자

'공부해야 하는데……' 하면서 스트레스를 받고, '공부하러 독서실에 가야지', '친구한테 같이 가자고 할까?' 등 이런저런 생각에 빠지고, 좋은 자리 맡으러 일찍 일어나는 등 독서실 공부를 위해 많은 시간과 감정을 소모하지만 공부는 전혀 이루어지지 않는다. 아이들은 종종 이러한 다급함과 조바심이 '열심' 혹은 '노력'에 포함된다고 착각한다. 물론 공부라는 큰 주제 안에서 이루어지는 행동이기는 하지만 아쉽게도 이것들은 성적에 어떤 기여도 하지 못한다. '공부에 대한 생각'과 공부는 다르다는 점을 알려주자.

공부의 필요성 자각

시험이 4일 남았다. 공부를 하나도 안 했는데 큰일 났네. 시험 범위를 들춰보니 장난이 아니다. 복사해야 할 유인물도 몇 장 있고, 외울 게 많은 한문, 일본어는 특히 긴장된다.

독서실에 가기로 결정

이번 주말에는 독서실에 가야겠다. 6시에 일어나야지. 토요일, 일요일 하루 종일 독서실에만 있을 거야. 전 과목 한 번씩은 볼 수 있겠지? 혜민이한테 같이 가자고 해야겠다.

실행에 옮김

토요일 아침. 학교 가는 날은 아니지만 아침 일찍 일어났다. 독서실에 갔더니 시험 기간이라 그런지 나보다 일찍 온 애들이 많아 남은 자리가 얼마 없었다.

이런 과정에서 소비하는 에너지를 최소화해야 한다. 내가 무엇을 공부해야 할지에 집중해야 하며, 그 수단으로 독서실을 이용하는 사전 고려가 필요하다.

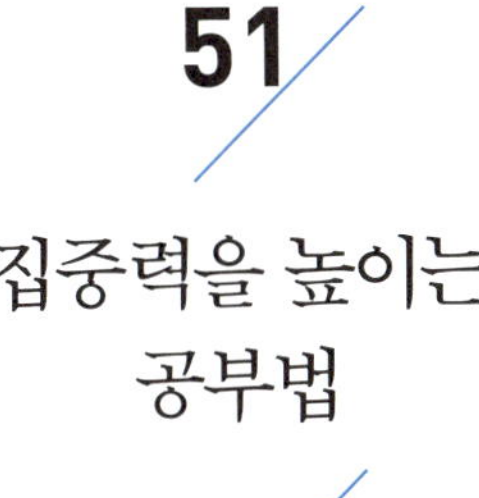

51

집중력을 높이는
공부법

뇌는 몰입, 즉 집중의 상태를 좋아한다. 그러면 공부를 잘한다는 친구들은 백이면 백 집중력이 높을까? 그렇지 않다. 상당수는 집중력을 순간적으로 향상시키는 친구들이다. 모든 감각기관이 외부의 수많은 정보를 차단하고 눈앞의 공붓거리에 몰두하는 것이다. 종종 "집중력이 원래 약하게 태어난 걸 어떻게 해요?"라고 묻는 친구들도 있으나 필요할 때 의도적으로 집중력을 높이는 것은 유전이 아니라 연습의 산물이다.

아이 수준에 맞게 학습하기

집중은 멈춰 있는 상태가 아니다. 뇌가 활발히 움직이는 상태다. 그러기 위해서는 공부하는 내용이 아이의 수준에 맞아야 한다. 학습 내용이 너무 어려우면 어디에 집중해야 할지 갈피를 잡지 못하고, 반대로 너무 쉬우면 잡념이 생긴다.

집중력은 기존의 내용을 이해하면서 조금씩 새로운 사실을 알아갈 때 재미와 함께 생긴다. 그러므로 공부하는 교재를 선택할 때는 아이가 자신의 수준을 고려할 수 있게 도움을 주자.

머리를 써야 하는 과제 부과하기

우리 뇌는 단순한 작업을 좋아할까? 정답은 No! 어떤 사람이든 머리를 어느 정도 쓰는 작업을 할 때 더 재미를 느낀다. 어릴 때 하던 단순한 게임보다 요즘 하는 복잡한 게임에 더 정신이 팔리는 것도 같은 이유다. 공부 역시 마찬가지다. 단순히 책에 나와 있는 내용을 읽고 외우는 공부를 할 때는 더욱 집중이 안 된다.

계속 머리를 움직이기 위해서는 스스로 질문을 만들어보는 게 좋다. 예를 들면 '지금 이 단원의 전체 주제는 무엇일까? 이 단원을 실생활에 적용한다면 어떠한 분야에 어떻게 사용할 수 있을까?' 등을 생각하면서 공부하는 것이다. 나아가 그 질문을 시험문제라고 생각하고 만들면 더 큰 학습 효과를 거둘 수 있다. 시시한 내용은 시험에 나오지 않을 테니 아이 스스로 헷갈리는 보기와 함정들을 만들어내기도 한다. 이렇게 시험문제를 직접 생각해보는 과정에서 중요한 내용을 파악하고 출제자의 시각에서 문제를 생각해보는 연습을 할 수 있다.

혼자만의 집중 시간 만들기

토마스 만은 노벨 문학상 수상자이자 20세기 독일의 가장 위대한 소설가로 꼽히는 작가다. 역사가인 장 루돌프 폰 잘리스가 토마스 만에게 전쟁이나 망명 같은 어려운 외적 상황에서 어떻게 그렇게 장중한 작품을 쓸 수 있느냐고 물었다. 이 위대한 작가는 대답했다.

"아, 오전 시간은 나에게는 신성합니다. 나는 아침 일찍 책상 앞에 앉습니다. 전화도 신문도 편지도 사양합니다. 그렇게 해서 점심때까지 바깥세상과 단절되어 작품에만 열중합니다."

엄마도 아이도 토마스 만처럼 '신성한 시간'을 가져보면 어떨까.

핸드폰도 텔레비전도 컴퓨터도 멀찌감치 떨어뜨려놓고 매일 일정한 시간에 공부하고 생각하는 것을 지키도록 하자. 처음에는 가족이 함께 하다가 점차 아이의 시간으로 바꾸면 된다(가능하다면 주 1~2회 정도는 가족이 함께 독서나 공부하는 시간으로 정해두는 것이 가장 좋다). 그리고 그 시간에는 가장 집중력이 필요한 과목이나 어렵고 중요한 부분을 공부한다.

혼자만의 집중 시간을 실천해본 모든 학생은 그 시간의 고요함과 편안함, 학습 효과에 매우 만족한다. 2주만 꾸준히 지켜보자. 깜짝 놀랄 만한 결과를 얻을 수 있을 것이다.

감정 치워놓기

핸드폰, 텔레비전, 컴퓨터 같은 외부 요인만 공부를 방해하는 것은 아니다. 머릿속을 어지럽히는 내부 요인들도 찾아내야 한다. 아이의 마음이 진로, 성적, 연애 등 복잡한 감정에 쏠려 있다면 학습 내용에 집중하기 어렵다.

감정을 처리하는 방법으로는 '치워놓기'가 좋다. 산만한 감정을 옆에 치워놓았다가 시간이 날 때 다시 꺼내는 방법이다. '7시까지 숙제를 마치고 다시 생각해봐야지'라고 결심하고, 숙제하는 동안에는 숙제에만 집중하는 것이다. 그러면 공부를 할 때 훨씬 효과적으로 집중할 수 있고 시간이 지남에 따라 감정이 사그라들기도 한다. 감정은 의지대로 없어지지 않으니 그것을 위한 공간과 시간을 따로 정해놓는 것이 스트레스 관리를 위해서도 좋다.

집중하기 전의 마음 준비

'미녀새'라는 별명을 가진 러시아의 장대높이뛰기 선수 이신바에바는 도약을 하기 전에 입을 중얼거리며 자기만의 주문을 외운다. 미녀 선수의 신기록을 응원하며 운동장을 꽉 채운 사람들의 함성 속에서 자기만의 집중 상태를 만드는 것이다. 만약 그녀가 친구들과 과자를 먹으면서 수다를 떨다가 바로 도약을 했다면, 신나게 춤을 추다가 도약했다면 좋은 기록을 낼 수 있었을까?

뇌 활동도 마찬가지다. 한 가지 활동에서 다른 활동으로 옮겨 가려면 일정한 시간이 필요하다. 어떤 활동을 하다가 핸드폰에 푹 파묻혀 있다가 엄마가 오는 바람에 허둥지둥 책을 펼친다면, 운동 장에서 열심히 축구를 하다가 수업 종이 울리기 직전에 헐레벌떡 교실로 뛰어온다면 최상의 집중력을 발휘할 수 없다. 그렇기 때문 에 공부 시작 전에는 자리에 앉아 지난 시간에 익힌 내용을 살피 며 사고를 자극하고, 기도나 명상으로 마음을 가다듬어야 한다(비 전 선언문이나 미래 일기 등 자신의 목표를 적은 종이가 있다면 공부 시 작 전에 한 번씩 읽어보아도 좋다). 훨씬 빠르고 편안하게 집중할 수 있다.

수업 시간에는 이렇게

혼자 공부할 때야 이런저런 방법을 써볼 수 있지만 수업 시간에 는 어떻게 할까?

우리 뇌는 구체적인 과제와 발전을 좋아한다. 때문에 수업 시간 에 뇌에 구체적인 과제를 주어 계속 활동하게 하면 집중하기가 한결 수월하다. 가장 좋은 방법은 예습이다. 완벽한 예습은 오히 려 수업의 흥미를 떨어뜨리니 의문거리를 찾아두는 정도면 충분 하다. 의문이 생긴 부분에 표시를 해두면 수업을 들을 때 그 궁 금증을 풀기 위해 집중하게 되고, 때로는 그 부분을 실마리로 단원 전체를 이해하기도 한다.

수업이 진행되는 중에도 질문할 거리가 생기면 찾아서 메모하거나 스티커를 붙여두자. 질문은 수업이 끝난 후에 바로 하는 것보다 다시 한 번 내용을 보면서 스스로 해결해본 후 다음 시간에 하는 것이 좋다. 그러면 자동으로 복습도 되고 다음 수업을 기다리는 마음도 생긴다.

수업 시간마다 의무적으로 한 가지씩 질문거리를 찾으려고 노력하자. 그것만으로도 수업 내용에 능동적인 관심이 생기며, 그렇게 생긴 사고력이 수업 집중의 뼈대가 된다.

아이들은 공부가 하고 싶어지면 알아서 할 테니 가만 놔두라고 하지만 공부든 일이든 저절로 하고 싶어지는 순간은 별로 없다. 결국 공부와 인생에서 성공한 사람들은 하고 싶은 마음이 들기 전에, 더 나아가 하기 싫은 순간에도 몸을 일으켜 그날 해야 할 노력을 한 사람들이 아니던가.

본격적인 공부를 시작하는 중1 아이들에게 꼭 심어주어야 할 태도는 바로 이것이다. 유명 강사의 강의를 듣는 것이나 시험공부 전략보다 오늘 해야 할 예습과 복습이 중요하며, 매일의 노력은 하고 싶든 아니든 겸손함과 성실함으로 이어나가야 한다는 것, 결국 그 밑 빠진 독에 물 붓는 것 같은 실천이 습관을 만들고 성적을 만든다는 진리 말이다. 이렇게 공부를 하며 성공의 방법을 몸에 익히는 것이 청소년기에 꼭 터득해야 할 지혜다. 부모가 도와야 할 학습관리도 이 밖에 더 무엇이 있겠는가.

어른들이 돈에 욕심을 부리면 몸과 마음이 상하듯 아이들도
성적에 욕심을 부리면 바른 것을 배울 수 없다. 아이와 함께 노
력하고 성장하는 부모가 되자. 모르는 것은 다시 한 번 보는 귀
찮음을 감수하고, 짧은 공부 속에서도 보람을 느끼며, 그날의
공부를 마치고 마음 편히 노는 즐거움을 누리는 아이들은 그런
모습을 보이며 사는 부모 밑에서 만들어진다.

책 한 권을 통틀어 꼭 강조하고 싶은 몇 가지를 정리하며 책
을 마치려 한다. 끝까지 이어지는 저자의 잔소리를 애정으로
받아주고, 책을 읽는 동안 한 생각들을 다시 정리해보길 바란다.

- 의무감으로 선행학습을 할 필요는 없다. 선행학습 때문에
  학원에 매일 갈 필요는 더더욱 없다. 헌책방에서 교과서
  를 미리 사서 읽으며 나만의 선행학습을 해보자. 내 생각
  이 담긴 선행학습은 자신감의 기반이 된다.
- 방과 후 시간은 학교 공부의 연장이다. 학교에 다녀오면
  바로 숙제를 하고 이어서 복습과 예습을 하자. 예습과 복
  습만 하며 중1을 보내도 충분하다.
- 평소 공부가 튼튼하면 시험이 다가올수록 공부할 것이 줄
  어든다. 시험 기간과 평소의 공부 분량에 차이가 커지지 않
  도록 하자.

● 방학 때는 반드시 운동하는 시간을 내자. 공부가 힘을 받으려면 뇌에 생기가 넘쳐야 하고, 뇌가 깨어나려면 몸이 움직여야 한다.

● 사교육은 필통이나 노트처럼 학습 도구로 활용해야 한다. 필요하면 이용하되 선택의 권한은 아이에게 주자. '뭐라도 시켜야 할 것 같아서' 시작한 사교육은 '엄마가 하랬잖아' 하는 핑곗거리만 만들 뿐이다.